AVEC

UNE TABLE DES PRINCIPAUX PASSAGES
RELATIFS AU DROIT

CONTENUS DANS LES ŒUVRES DE CICÉRON

THÈSE POUR LE DOCTORAT

PRÉSENTÉE A LA FACULTÉ DES LETTRES D'AIX

PAR

ARMAND GASQUY

PROFESSEUR AGRÉGÉ AU LYCÉE DE MARSEILLE

PARIS
ERNEST THORIN, ÉDITEUR
LIBRAIRE DU COLLÈGE DE FRANCE, DE L'ÉCOLE NORMALE SUPÉRIEURE,
DES ÉCOLES FRANÇAISES D'ATHÈNES ET DE ROME

7, RUE DE MÉDICIS, 7

1886

CICÉRON JURISCONSULTE

Imprimerie Générale de Châtillon-sur-Seine. — A. Pichat.

CICÉRON JURISCONSULTE

AVEC

UNE TABLE DES PRINCIPAUX PASSAGES

RELATIFS AU DROIT

CONTENUS DANS LES ŒUVRES DE CICÉRON

PAR

ARMAND GASQUY

DOCTEUR ÈS LETTRES

PROFESSEUR AGRÉGÉ AU LYCÉE DE MARSEILLE

PARIS

ERNEST THORIN, ÉDITEUR

LIBRAIRE DU COLLÈGE DE FRANCE, DE L'ÉCOLE NORMALE SUPÉRIEURE,
DES ÉCOLES FRANÇAISES D'ATHÈNES ET DE ROME

7, RUE DE MÉDICIS, 7

1887

A

M. GASTON BOISSIER

MEMBRE DE L'ACADÉMIE FRANÇAISE,
DE L'ACADÉMIE DES INSCRIPTIONS ET BELLES-LETTRES,
PROFESSEUR AU COLLÈGE DE FRANCE,
MAITRE DE CONFÉRENCES A L'ÉCOLE NORMALE.

Hommage très respectueux.

SOURCES

Sigonius. — De antiquo jure civium Romanorum, de judiciis Romanorum. — Venise, 1560.

François Hotman. — Observationes. 1600. 3 vol. in-fol.

Grævius. — Thesaurus antiquitatum Romanarum. Utrecht, 1694. 12 vol. in-fol.

Henr. Const. Cras. — Dissertatio juridica inauguralis qua specimen jurisprudentiæ Ciceronianæ exhibetur, sive Ciceronem justam pro A. Cæcina causam dixisse ostenditur. Leyde, 1769.

Seb. Jan. E. Rau. — Disputatio juridica ad M. Tullii Ciceronis orationem pro Quinctio. Leyde, 1825.

J. A. C. Rovers. — De Ciceronis oratione pro Roscio comœdo. Utrecht, 1826.

M. Munchen. — M. Tullii Ciceronis pro Q. Roscio comœdo orationem juridice exposuit. Cologne, 1829.

Platnerus. — Dissertatio de iis partibus librorum Ciceronis rhetoricorum quæ ad jus pertinent. Marbourg, 1831.

De Savigny. — Traité de la possession.

De Cacqueray. — Explication des principaux passages relatifs au Droit privé contenus dans les œuvres de Cicéron. — Rennes, 1857.

Grellet-Dumazeau. — Le barreau romain.

Ch. Giraud. — Introduction historique à l'étude de la législation romaine ; — Novum Enchiridion — etc.

Georges Bruns. — Fontes juris Romani.

Mackeldey. — Histoire des sources du Droit Romain — (trad. Poncelet.)

Bœthmann-Hollweg. — Der Rœmische Civilprocess; Bonn, 1866.

Ortolan. — Cours de Droit Romain.

Maynz. — Cours de Droit Rom in. Liège, 1877.

De Keller. — Semestrium ad M. Tullium Ciceronem libri tres, Zurich 1842 ; — De la procédure civile et des actions chez les Romains — (trad. Capmas) . Paris, E. Thorin, 1870. 1 vol. in-8°.

Prévost. — Histoire de Cicéron, tirée de ses écrits. Paris, 1749.

Drumann. — Histoire Romaine.

Fustel de Coulanges. — La cité antique.

G. Boissier. — Cicéron et ses amis; la religion romaine ; promenades archéologiques.

R. Willems. — Le droit public romain. 5e édition, Paris, E. Thorin 1884. 1 vol. gr. in-8°.

Pour les citations nous suivons l'édition des Œuvres complètes de Cicéron par R. Klotz; Leipsig, 1874; 11 vol. in-16.

CICÉRON JURISCONSULTE

Accedit quo facilius percipi co-
gnoscique jus civile possit, quod
minime arbitrantur, mira quædam
in cognoscendo suavitas et delec-
tatio (de oratore I. 44, 193).

INTRODUCTION

I

GOUT DES ROMAINS POUR LES FORMES JURIDIQUES.
— PRINCIPAUX CARACTÈRES DU DROIT ROMAIN. —
INFLUENCE DU DROIT SUR LA LITTÉRATURE.

Les Romains ne furent pas seulement un peuple
de laboureurs et de soldats [1]. Les travaux des
champs et la passion de la guerre ne les occu-
paient pas tout entiers; l'amour de l'éloquence et

---

1. Bossuet, Montesquieu, etc.

le goût des discussions juridiques se développèrent de bonne heure chez eux. La nature semblait avoir disposé leur corps aux plus rudes labeurs et leur esprit aux études les plus subtiles, de telle sorte que le même homme fût apte à soutenir la lutte et contre l'ennemi du dehors, pour l'extension de la puissance de Rome, et contre un adversaire privé, pour affirmer son droit. Que ce fût au forum, ou sur le champ de bataille, l'ardeur des combattants était la même, l'intérêt de la victoire également vif.

Né pour dominer, le Romain voulait non seulement conquérir, mais encore administrer ses conquêtes. Des traditions habilement entretenues par les historiens et par les poètes rappelaient sans cesse au peuple son rôle, de conquérant et de législateur [1]. Cette conviction où les Romains étaient de leur supériorité, fit toute leur force. Ils apportaient d'ailleurs dans l'administration des provinces le même soin, la même science, que dans l'administration de leur fortune et de leur maison.

1. His ego nec metas rerum, nec tempora pono,
Imperium sine fine dedi...
Tu regere imperio populos, Romane, memento.
(*Eneide* I, 278, VI, 851). Cf. *Georg.* II, 473. Ovid. *Met.* I, 149.

En effet à l'esprit de domination se joignait l'esprit d'ordre. Les plus illustres d'entre eux furent à la fois de grands hommes de guerre et de sages pères de famille. Ils présidaient eux-mêmes aux travaux de leurs esclaves et surveillaient la vente des denrées au marché. Toujours prêts à prendre les armes pour une nouvelle guerre, ils trouvaient cependant le temps de tenir un compte exact de leurs recettes et de leurs dépenses : ils avaient leurs *livres* et longtemps ces titres privés jouirent, à Rome, de l'autorité la plus incontestée. L'économie allait parfois jusqu'à la parcimonie [1] et l'art de faire rapporter de gros intérêts à l'argent, jusqu'à l'usure. Ces défauts mêmes étaient un stimulant pour ceux qui cherchaient dans les spéculations une richesse que la terre ne pouvait plus directement leur donner. Chaque père de famille était de la sorte un commerçant et les contestations, nées à la suite des échanges, des ventes, des prêts, le forçaient à devenir quelque peu légiste [2].

[1]. Cf. Xénophon, *Economique*, passim.

[2]. Comp. Gaston Boissier, *Promenades archéologiques*, p. 263 : On ne montre ordinairement les Romains que sous un de leurs aspects, le plus beau et le plus brillant; ils en ont deux tout à fait contraires. C'étaient des soldats, des conquérants auxquels la tradition ne donne plus que des attitudes héroïques; mais dans ces demi-dieux, il y avait des

En même temps qu'elle se soumettait aux exercices militaires la jeunesse étudiait l'art oratoire et les lois. Elle savait que le pouvoir dans Rome et le commandement des armées, à l'extérieur, n'était confié qu'à ceux qui maniaient la parole aussi bien que l'épée. C'était dans le texte des XII tables qu'elle avait appris à lire : c'était là le premier livre, le *carmen necessarium*, comme chez nous, les fables [1]. Le style concis des lois se gravait aisément dans la mémoire, dès l'enfance. L'éducation était pratique. « La Muse a donné aux Grecs le génie et l'éloquence, disait Horace, aux Grecs amoureux seulement de gloire. Nos enfants apprennent par de longs calculs à diviser un as en cent parties.... Quand une fois cette avidité du gain, cette rouille a pénétré les esprits, peut-on espérer des vers, dignes d'être parfumés avec de l'huile de cèdre, ou serrés dans des cassettes de cyprès [2] ? »

négociants et des usuriers. Ils étaient avides autant que braves, ils aimaient la gloire, mais ils tenaient beaucoup aussi à l'argent ; ils savaient très bien calculer, et, sous des dehors dédaigneux, ils se gardaient bien de négliger les beaux profits qu'on tire du commerce.

1, Cic. *De leg.* II. 23, 59 et Montesquieu, *Esprit des lois*, l. 29, c. 16.

2. Graiis ingenium, Graiis dedit ore rotundo
Musa loqui, præter laudem nullius avaris.
Romani pueri longis rationibus assem
Discunt in partes centum diducere......

Si l'éducation, si des considérations d'intérèt privé encourageaient l'étude du droit, le patriotisme, la conscience que chaque citoyen avait de son rôle dans la République, faisait à tous un devoir de connaître la loi, de chercher à l'expliquer, à l'amender.

Ces réflexions nous aident à comprendre comment naquit et se développpa le droit civil *jus civile*, droit strict, *jus strictum*, spécial aux Quirites, souvent en opposition avec le droit naturel, *jus gentium*. Les différents peuples de l'antiquité prétendaient avoir reçu leurs codes des dieux mêmes, ou par l'intermédiaire des oracles; les Romains n'avaient pas eu besoin des conseils de la divinité. Leur droit civil, création originale du génie romain, élevait entre Rome et le reste du monde une barrière infranchissable, plus solide que l'enceinte de Servius. Etre admis dans la cité romaine paraissait aux autres nations une faveur suprême, et les Romains faisaient de la participation à leurs droits, la plus haute des récompenses. Sans doute, il y avait quelques points communs entre la légis-

... An hæc animos ærugo et cura peculi
Cum semel imbuerit, speramus carmina fingi
Posse linenda cedro, et levi servanda cupresso?
Art poet. 323-332.

lation de Rome et certaines législations de la Grèce; mais le droit civil n'en reste pas moins quelque chose de propre, de particulier aux Romains *jus proprium ac peculiare*.

Au début, les Romains sont les hommes à la lance, les *Quirites*, ne reconnaissant d'autre droit que le leur [1]. Les lois romaines rappelleront long-temps ces commencements guerriers. Un procès est un combat dans lequel l'un des deux adver-saires doit employer la force pour triompher de l'autre. Aussi la procédure primitive admet-elle la lutte corps à corps. Les termes de la jurisprudence sont ceux de la conquête. La propriété prend le nom de *mancipium*, la vente, celui de *mancipatio*, deux mots qui désignent une acquisition violente (*manu capere*). La main, symbole de force, marque le pouvoir du mari sur sa femme, du maître, sur ses esclaves. Quand un père émancipe son fils, celui-ci s'échappe, pour ainsi dire, des mains qui le retenaient captif (*e manu mittitur*). Les Ro-mains semblaient vouloir établir que l'origine du droit est dans la conquête et qu'ils ne devaient leur puissance qu'à leur force, à leur courage (*virtus*).

1. Jura negat sibi nata; nihil non arrogat armis.
Art. poét. 121.

Le père est le chef absolu de la famille (*gens*),
base de l'organisation civile : il a *main-mise* sur
sa femme, ses enfants, ses esclaves, droit de vie
et de mort sur tous ceux qui sont soumis à son
pouvoir. Egnatius Mécenius fait périr sous le bâ-
ton sa femme, parce qu'elle a bu du vin. Il est ab-
sous par Romulus et ce fait ne paraît pas extraor-
dinaire aux historiens qui le racontent. Un mari
répudie sa femme, qui a osé assister sans voile
aux jeux. Lors de la découverte du complot des
Bacchanales, deux mille Romaines furent mises à
mort, après avoir été jugées par leurs parents réunis en conseil dans leurs demeures. Du temps de
Catilina, un père se montra aussi barbare que Brutus et que Manlius, et fit égorger son fils, quoique sénateur, pour le punir d'avoir conspiré contre
sa patrie. Le père pouvait d'ailleurs vendre ses enfants, les abandonner à ceux à qui ils avaient causé
quelque dommage (*noxali causa mancipare*) [1].

Le chef de famille dispose de ses biens, comme
il l'entend ; aucune restriction n'est apportée à sa
volonté. *Uti legassit super pecunia tutelave suæ
rei ita jus esto* [2]. Solon n'avait pas permis au père

----

1. Pline l'ancien xiv, 13 ; Val. Max. vi, 3, 9, et 10, 11. Sall., *Cat.*
39.

2. Loi des xii Tables ; Cf. Démosthène contre Stéphanos, 2ᵉ disc. § 14.

de déshériter les enfants légitimes. A Rome, au contraire, il suffit que le nom d'un enfant ait été omis dans un testament pour que cet enfant soit privé de la succession paternelle. La volonté du père doit être expresse. Le pouvoir paternel avait donc quelque chose d'inhumain et les jurisconsultes eux-mêmes rappelaient que cette puissance des pères sur leurs enfants doit consister plutôt dans l'indulgence que dans la rigueur : *patria potestas in pietate, non in atrocitate, debet consistere* [1]. Le cercle de la famille était fermé aux profanes. Chaque *gens* avait même son culte propre qui la distinguait et qui l'isolait : *sacra gentilicia*.

Entre citoyens et étrangers, patriciens et plébéiens, le mariage n'était pas autorisé.

Si la loi était sévère pour la femme, les enfants, les esclaves, elle était dure pour l'étranger. Celui-ci ne peut jamais acquérir la propriété par la possession, quelque longue qu'elle soit ; contre lui on peut toujours revendiquer : *adversus hostem æterna auctoritas* [2]. Le même mot désigne l'étran-

édit. Dindorf.; v. Caillemer, *successions à Athènes* (Revue de législ. 1874).

1. Denys d'Hal. II, 97 ; Gaius I, 55; Justin., *Inst.* I, IX, 2 et *Dig.* XLVIII, IX, 5.

2. Table VI, § 5; *De off.* I, 12.

ger et l'ennemi, *hostis*. Les Romains n'avaient en effet le plus souvent avec les peuples de l'antiquité d'autres rapports que ceux de la guerre [1]. Aussi conservèrent-ils longtemps leurs mœurs premières.

Tandis que les Grecs s'enquéraient des lois de l'Egypte, les Romains empruntaient peu aux autres nations. Ils adoptèrent seulement les dispositions les plus rigoureuses des lois grecques. A l'exemple de Lycurgue, les décemvirs ordonnèrent au père de mettre à mort l'enfant né difforme. Comme Dracon, ils punirent du dernier supplice les délits contre la propriété. Pour tous les crimes, le talion ou la mort était le châtiment [2]. Solon avait été indulgent pour les dettes; les décemvirs permirent aux créanciers d'emprisonner leur débiteur, de le tuer et de se partager son corps. La modération de ce sage ne pouvait convenir aux Romains et les magistrats de Rome ne se souvinrent guère du législateur d'Athènes que dans

1. Pennus et le tribun C. Papius proposèrent des lois qui obligeaient les étrangers à quitter la ville. Cicéron traite ces lois de contraires à l'humanité: *usu vero urbis prohibere peregrinos sane inhumanum est.* (*De off.* III, 12.) Cf. Liv. XXVII, 37 et XXIX, 22, Sen., *de ira*, 1, 15, Luc. 1, 562, 593; Plut., *Sol.* 20, 22; Dém., *Contre Timarque*, 105 et 113;

2. Cic. *De leg.* II, 23, 59.

quelques règlements concernant le droit sacré, ou les funérailles. Les Romains professaient d'ailleurs le plus souverain mépris pour toutes les autres législations ; l'opinion de Crassus était l'opinion générale : *Incredibile est quam sit omne jus civile, præter hoc nostrum, inconditum ac pæne ridiculum ; de quo multa soleo in sermonibus cotidianis dicere, quum hominum nostrorum prudentiam ceteris hominibus, et maxime Græcis, antepono* [1].

Ce n'étaient pas seulement l'originalité, la dureté, qui caractérisaient le droit Romain, c'était encore et surtout, le symbolisme. A Rome, au lieu de naître de l'intention des parties, le droit résulte d'un fait, d'une cérémonie civile. En présence d'un nombre de témoins déterminé, dont un, nommé *libripens,* (porte-balance), pèse le métal, signe de l'engagement, les contractants récitent des formules, auxquelles il leur est interdit de changer un seul mot. On se sert d'une balance non seulement dans la vente, mais pour beaucoup d'autres contrats. Le mari achète sa femme (*coemptio*); le père, pour l'émanciper, vend trois fois son fils. Il faut aux Romains une représentation matérielle de l'acte qu'ils accomplissent. Ils apportaient, dans

1. De orat. 44, 197.

la vie civile, le même goût pour les solennités, le même respect pour les textes consacrés, que dans la vie publique; ils se soumettaient avec la même docilité aux paroles d'un préteur, qu'aux ordres d'un consul ou d'un augure [1].

Tel était, dans ses traits essentiels, le droit Romain. Mais il était trop particulier, pour ne pas se modifier, à mesure que s'agrandirait l'empire. Les lois se transformèrent d'autant plus rapidement, que la philosophie pénétra davantage dans le monde romain. Le pouvoir d'interprétation accordé aux préteurs contribua aussi dans la mesure la plus large à ces changements : les textes subsistaient, mais le magistrat, en déclarant dans son édit qu'il les entendrait de telle ou telle manière substituait, en réalité, sa volonté à celle de la loi. Il semblait ainsi au peuple romain qu'il était toujours le même et que ses lois ne changeaient pas non plus. On parlait encore de puissance paternelle, de tutelle perpétuelle des femmes, de droit absolu de vie et de mort du chef de famille sur tous ceux qui étaient sous sa dépendance, alors que les mœurs et le droit prétorien avaient apporté des adoucissements tels aux dispositions

1. Berger et Cucheval, *Hist. de l'éloq. lat.* t. 1, p. 35.

primitives qu'elles n'étaient plus qu'un souvenir. L'esprit formaliste des Romains se manifestait en cela : les magistrats conservaient le cadre accepté et faisaient entrer, dans ce cadre, toutes les modifications devenues nécessaires. Le droit civil se rapprochait insensiblement du droit naturel et, de Romain, il devenait universel. Les écrits des philosophes et les travaux des jurisconsultes s'amoncelèrent, jusqu'au moment où Justinien, résumant tout ce qui avait été fait avant lui, fixa la législation depuis longtemps incertaine et exposée à de perpétuelles variations.

Etudier le droit Romain dans les ouvrages de cet empereur, c'est à peu près la même chose que d'essayer de reconnaître la société du moyen-âge dans notre code civil. Treize cents ans après la fondation de Rome, deux siècles après que le siège de l'empire avait été transporté à Constantinople, il ne restait presque rien du droit Romain proprement dit, et, si l'œuvre de Justinien a servi de base à tous les législateurs suivants, il n'en est pas moins vrai qu'avec elle ont disparu les derniers restes du droit antique. Si, d'ordinaire, nous n'allons pas au delà de Justinien, ou de Gaius, jurisconsulte plus véritablement romain, c'est que nous cherchons seulement dans le Droit Romain, les principes du Droit Français. Retrouver les lois de Rome républicaine, connaître l'organisation des tribunaux dans un siècle qui entendit Hortensius et Cicéron, est une étude pleine d'intérêt. Il est bon de remonter aux origines d'un peuple, de suivre son développement à travers les âges ; il est plus utile encore peut-être de faire revivre ce peuple à l'époque où il fut le plus grand, en pénétrant mieux ses mœurs, en s'efforçant de comprendre et de reproduire quelques-unes des scènes qui lui étaient le plus familières.

Une connaissance plus exacte du droit nous conduit à une intelligence plus complète des auteurs. Il n'y eut pas, en effet, à Rome deux langues : une langue littéraire et une langue judiciaire [1]. La langue latine, avec ses formes sonores, ses tournures brèves et impératives, paraissait être l'organe naturel du droit ; elle était faite

[1]. C'est peut-être à ce fait qu'il faut attribuer la lenteur des progrès de l'éloquence judiciaire chez nous. « Il n'y a pas un siècle, remarque, Merlin, qu'un discours au palais n'était qu'un récit ennuyeux de faits étrangers, une abondance énorme de paroles, de citations inutiles, et surtout, de passages latins, un mélange indécent du sacré et du profane, un assemblage bizarre de traits de l'histoire et de la fable, un tissu ridicule de pointes, d'épigrammes et de figures. » — Cité par Charrins, *Disc. de rentrée de la cour de Cassation*, 4 nov. 1878, p. 18.

pour les inscriptions, pour exprimer rapidement et fortement un ordre, un décret. Cet instrument un peu lourd, fut cependant manié avec habileté non seulement par les jurisconsultes, par les orateurs et par les historiens, mais encore par les poètes. Loin de s'être développée lentement et à la suite d'autres genres littéraires, l'éloquence judiciaire brilla en même temps que l'éloquence politique, c'est-à-dire, dès le début de la période classique. La foule s'intéressait aux procès et se pressait pour entendre les Sulpicius et les Crassus. Une partie de l'existence se passait à écouter les avocats, à prendre part aux débats, comme accusateur ou défenseur, comme magistrat. On devait être prêt à jouer ces différents rôles, à être tour à tour orateur, jurisconsulte, préteur[1]. Les Romains aimaient donc ces luttes oratoires, où les uns voyaient commencer leur renommée future, où d'autres venaient chercher des modèles et des enseignements. Leur allure et leur langage se ressentaient de ces habitudes. Même ceux qui fuient la foule et le bruit, les philosophes,

---

1. Les magistrats conservaient, pendant la durée de leurs fonctions le droit d'assister leurs clients. Edile, Cicéron plaida pour Cécina ; préteur, pour Cluentius ; consul, pour Muréna.

les poètes, s'arrêtent malgré eux au forum, et dans leurs écrits retentit encore un écho de la lutte. Tous les auteurs latins sont plus ou moins juristes. La littérature, reflet de la vie d'un peuple, tire ses peintures des faits qui frappent le plus les esprits. Quoi d'étonnant que les ouvrages des écrivains latins soient comme imprégnés de souvenirs juridiques, puisque le droit, les magistratures, tout ce qui concernait les tribunaux, tenait dans la vie des Romains une si large place ? Aussi n'est-ce pas seulement aux savants, à Varron, à Aulu-Gelle, à Valère-Maxime, à Festus qu'il faut s'adresser pour connaître dans ses détails les plus intéressants le droit Romain, c'est à toute la littérature latine, aux historiens, aux philosophes, aux comiques, à Virgile même quelquefois, souvent à Horace [1]. Les écrivains latins aimaient les expressions de la langue judiciaire, ils les employaient comme étant plus significatives, plus claires, plus élégantes. Ce n'étaient pas seulement quelques termes expressifs qu'ils demandaient au droit, c'étaient encore des scènes, des descriptions. Quand les bergers de Virgile se provoquent à chanter, ils imitent ceux qui engagent un procès : ils font une

1. *Sat.* I, 9 et II, 1. etc.

sponsio et une *restipulatio*. Sur le bouclier d'Enée comme sur ceux d'Hercule et d'Achille, sont représentés des faits de la vie judiciaire. Pour Lucrèce, les éléments sont liés entre eux par des lois, par des traités, *leges ac fœdera*. Dans une image pleine de poétique tristesse, en même temps que très-juste, ce poète rappelle que la vie n'appartient à personne, qu'elle ne nous a été donnée qu'en *usufruit* et que nous transmettrons à d'autres l'héritage de force et de lumière que nous avons reçu de nos prédécesseurs :

Vitaque mancipio nulli datur, omnibus usu [1].

Le poète s'exprime ici de la même manière que le philosophe : *natura quidem dedit usuram vitæ, tanquam pecuniæ, nulla præstituta die*, la nature nous a donné l'usage de la vie comme d'une somme d'argent que nous sommes obligés de rendre à un terme qui n'est pas fixé.

A ces formes de langage viennent s'ajouter chez la plupart des écrivains une vivacité de style, un entrain, une vigueur qui font penser à l'avocat défendant une cause. Lucain était déjà mis par les anciens au nombre des orateurs. Les historiens se

1. Lucrèce, III, 984 ; Cic. *Tuscul.* I, 39, 93 ; cf. *consolat.* 9.

passionnaient pour les faits qu'ils rapportaient, ils écrivaient *bien plus pour prouver que pour raconter*, contrairement aux règles du genre. Tite-Live mettait en relief la grandeur romaine, dissimulant les petits côtés, les injustices, les défaites : il défendait la gloire de Rome. Tacite, au contraire, est un accusateur. Dans chaque écrivain on retrouve ainsi une cause qui lui est chère. Les auteurs latins ramènent donc sans cesse notre esprit vers les débats judiciaires : ce sont les mêmes expressions chez les philosophes, les historiens, les poètes, que chez les avocats ; c'est encore la même passion pour soutenir une thèse, le même goût pour l'argumentation, la même science de ce que les maîtres de Rhétorique avaient appelé si jutement, l'action.

II

CICÉRON JURISCONSULTE. — UTILITÉ DE SES OU-
VRAGES POUR LA CONNAISSANCE DU DROIT ROMAIN.

Cicéron, parmi les écrivains de l'époque classique, est celui dont la lecture est le plus profitable
au jurisconsulte. C'est par ses ouvrages surtout,
qu'on peut voir les progrès de la philosophie dans
la jurisprudence et comprendre la procédure sa-
vante, appelée *procédure formulaire*. Non seulement les plaidoyers de Cicéron sont des chefs-
d'œuvre oratoires ; mais ils doivent encore être
médités par ceux qui veulent connaître, sous un
de ses aspects les plus intéressants et les plus ori-
ginaux, l'antiquité romaine. Le mérite de la forme

n'enlève rien au mérite du fond : on peut admirer à la fois le savant et l'orateur.

Un coup d'œil sur la vie et les œuvres de Cicéron [1] nous montrera tout d'abord quelle importance il donnait à l'étude des lois. Elevé dans le quartier opulent des Carènes, où son père était venu s'établir près de la demeure des Scévola et de celle de Pompée, au milieu d'une société élégante et sérieuse, Cicéron fut naturellement porté vers les lettres [2]. La carrière des armes lui souriait peu : il ne fit qu'une courte campagne chez les Marses. A 18 ans, il traduit en vers les phénomènes d'Aratus [3]. Mais le forum exerce bientôt sur lui une irrésistible attraction. Il se prépare à la lutte par l'étude de la philosophie et du droit. En même temps qu'il suivait les leçons de Phèdre l'Epicurien et de Philon l'Académicien, il demandait à Scévola l'augure et à Scévola le grand pontife de l'initier à la science des lois [4]. Lorsqu'il rédigera ses premiers essais sur l'art oratoire, c'est

1. Sur la vie de Cicéron, V. Prévost, Drumann, Ampère (t. IV), Boissier, Berger, etc.

2. V. *Brutus*, c. 58.

3. Archias fut un de ses premiers maîtres, il revint plusieurs fois à la poésie, mais sans succès.

4. *Ad famil.* XIII, 1 ; *Brut.* 89, 90 ; *de orat.* I, 45 ; *de senect.* I.

à l'avocat principalement qu'il pensera ; il se souviendra moins peut-être des conseils de Molon de Rhodes que de ceux des jurisconsultes et ira chercher dans la jurisprudence la plupart de ses exemples [1].

A 26 ans, il débutait au barreau. Son plaidoyer dut révéler à ses contemporains non seulement un grand talent oratoire, mais encore une science rare. On peut, en effet, appliquer à Cicéron les paroles de Scévola sur Crassus : *visus est oratoris facultatem non illius artis terminis, sed ingenii sui finibus immensis pæne describere* [2]. L'universalité, comme la précocité, est un des caractères du génie. Cicéron essaya d'embrasser toutes les connaissances de son temps, allant jusqu'à Athènes pour entendre Zénon, après Diodote et Posidonius, les Epicuriens après les Stoïciens, et les rhéteurs Ménippe, Xénoclès, Eschyle de Cnide, Denys de Magnésie. Il accumulait ainsi des richesses, qui embarrasseront parfois le philosophe, mais dont l'avocat fera le plus brillant usage. S'il concevait une constitution nouvelle de l'Etat, si,

1. Le second livre de la *Rhétorique à Herennius* constituerait un excellent traité de procédure criminelle.

2. *De orat.* I, 49, 214.

l'exemple de Platon, il écrivait le traité de la Ré-
blique et le traité des lois, Cicéron se plaisait
ssi à des études plus pratiques; les questions de
entilité, de clientèle, de tutelle, d'hérédité, lui
aient familières. Suivant Aulu-Gelle, il aurait
ngé à réunir en un corps les éléments épars du
roit civil et il aurait même composé un ouvrage
titulé : *De jure civili in artem redigendo*[1]. Mais
s idées de Cicéron sur cette matière sont suffi-
amment développées dans les ouvrages que nous
vons, et il n'est pas impossible de les mettre en
elief. Ce serait même un travail très considérable
ue de relever et d'expliquer tous les passages
elatifs à la science du droit[2]. On aura de précieux
enseignements dans les *Topiques*, le *de Oratore*
a *République*, les *Lois*, le *De officiis*, dans le *Pro
Quinctio*, le *Pro Roscio comœdo*, le *Pro Cæcina*,
e *Pro Tullio*, les *Verrines*, le *Pro Archia*, enfin
lans les *Lettres*, spécialement dans celles à *Tréba-
ius*. Par sa correspondance avec *Quintus* on verra

---

1. D'après quelques critiques (notamment Teuffel. *Litt. Rom.)* le *de
ure civili* formait le VIe livre du *De legibus*. Rien ne nous parait
moins probable. Le *De legibus* est un ouvrage de philosophie spécula-
ive auquel on pourrait donner pour titre ; « philosophie du droit; » le
De jure civili devait être, au contraire, un ouvrage de pratique, un traité
didactique.

2. Ce travail a été fait par M. de Caqueray. Rennes, 1857.

la haute idée que Cicéron se faisait d'un préteur [1].

Jurisconsulte, Cicéron tenta de concilier la tradition avec les besoins nouveaux, apportant le même esprit de modération que dans ses conceptions philosophiques ou politiques. Également ennemi de la routine et des réformes trop radicales, il savait prendre un juste milieu, *mixtum ac temperatum genus*. Les principes du Droit civil, la loi des Douze Tables furent toujours pour lui un objet de respect. Il voyait dans les douze tables une sorte de résumé de toute la sagesse antique. « Qu'on s'indigne, je le veux bien, je dirai ce que je pense. Tous les ouvrages réunis des philosophes, si l'on remonte à l'origine, à la source du Droit, sont surpassés en sagesse et en utilité pratique par cet opuscule des douze tables. — *Fremant omnes licet, dicam quod sentio : bibliothecas mehercule omnium philosophorum unus mihi videtur XII tabularum libellus, si quis legum fontes et capita viderit, et auctoritatis pondere et utilitatis ubertate superare* [2]. Les Douze Tables, de même que le texte des lois royales, avaient péri dans le sac de Rome par les Gaulois. Cicéron vou-

1. Cicéron fut préteur à l'âge de 40 ans.
2. *De orat.* I, 43-44;

lait qu'elles eussent disparu d'une manière plus noble : la foudre avait fondu l'airain sur lequel ces lois vénérées avaient été gravées [1]. Les institutions premières de Rome, la cité, la famille, avaient, aux yeux de Cicéron, un caractère saint. Avec quelle indignation ne reprochera-t-il pas à Clodius de s'être fait adopter par un plébéien et d'avoir ainsi déserté la religion de ses ancêtres patriciens [2]?

Mais s'il accepte, s'il défend les lois qui ont fait de Rome la plus remarquable des républiques anciennes, il ne craint pas de montrer ce que d'autres lois peuvent avoir d'injuste, d'inutile, de dangereux et d'en demander l'abrogation. Il déclare inique la prohibition de mariage entre plébéiens et patriciens; il condamne la procédure des actions de la loi, devenue peu à peu ridicule et qui tombe d'elle-même en désuétude [3]. L'équité lui paraît être le guide le plus sûr. Lorsqu'il s'agit d'interpréter un contrat, on ne doit pas, suivant la

1. Liv. VI, 1; Cic. *In Catil.* III, 8, 19. — Les historiens partagent l'enthousiasme des jurisconsultes : *corpus omnis Romani juris, fons publici privatique juris*, disait Tite-Live (III, 4). *Finis æqui juris*, reprenait avec moins de raison Tacite (*Annales* III, 27.)

2. *In Verr.; pro Balb.; pro Cæc.*; etc. *Top.* 5, 6; *pro domo*, 49; *de harusp. resp.* 15; *pro Balb.* 25; *de leg.* 1, 7, 8; II, 22, etc.

3. *De Rep.* II, 37, 63; *pro Muren.* 12.

doctrine de Cicéron, s'en tenir au droit strict; il faut, au contraire, s'attacher à la volonté des parties. Il importe peu qu'il y ait obligation légale, *verbis* ou *litteris;* s'arrêter à la lettre de la loi, en mépriser l'esprit, est indigne d'un jurisconsulte et d'un magistrat. Toutes les fois qu'il y a dol, il ne saurait y avoir d'engagement valable. Pour la vente, Cicéron adopte l'opinion stoïcienne. Le vendeur est tenu d'indiquer à l'acheteur non seulement les vices cachés de la chose vendue, mais même les vices apparents pour tout le monde, mais que l'acheteur ne voit pas : il ne doit pas profiter de l'imprudence ou de la sottise de celui-ci [1].

Ces règles sont nouvelles; elles sont contraires au droit civil. C'est au nom de la justice naturelle que Cicéron défend Milon, accuse Verrès, parle pour Cécina et pour Tullius. Les opprimés sont ses clients [2].

Cicéron devait sans doute à ses études philosophiques cette supériorité de vue. Il se plaisait d'ailleurs lui-même à rappeler qu'il était sorti non de l'école des rhéteurs, mais des jardins de l'Aca-

---

1. *De off.* III, 12-15. Cette doctrine a paru exagérée à saint Thomas, *Somme théologique*, quest. 77, art. 33; et à Pothier, *De la vente*, n° 241.
2. Qui lira sans émotion le récit des violences commises à Lampsaque? *In Verr.* II, I, 24-34.

émie [1]. La loi n'est plus quelque chose d'arbi-
aire, un ordre émané de la puissance populaire :
us, jussum. La loi humaine n'a d'autorité que celle
u'elle tient de la loi divine. Cette justice éter-
elle est toujours présente à l'esprit de Cicéron
t il en parle en termes éloquents. « Il y a une
oi véritable, droite raison, conforme à la nature,
épandue chez tous les peuples, constante, éter-
nelle, qui, par ses ordres, nous rappelle au devoir,
t, par ses prohibitions, nous détourne du mal.
On ne peut rien ajouter à cette loi, rien en retrancher; elle ne peut pas être abrogée dans son ensemble; ni le sénat, ni le peuple n'ont assez de
puissance pour briser ce joug auquel nous sommes
soumis. Cette loi n'a besoin ni de commentaire,
ni d'interprète. Elle ne sera pas différente à Rome,
différente à Athènes; telle aujourd'hui, telle dans
la suite; mais tous les peuples, dans tous les temps
seront les esclaves de cette loi universelle, éter-
nelle, immuable et Dieu sera le souverain chef de
tous les peuples, Dieu qui est l'auteur de la loi et
qui juge d'après elle. Celui qui désobéit à cette
loi se fuit lui-même, méprise la nature humaine;
par cela même, s'expose à de terribles châtiments,

1. *Orator*, III, 12.

alors qu'il aurait pu échapper aux supplices ordinaires [1]. »

Opposons aux paroles de Cicéron celles de Pascal. « Trois degrés d'élévation du pôle renversent
toute la jurisprudence. Un méridien décide de la
vérité; en peu d'années de possession, les lois fon-
damentales changent, le droit a ses époques...
La justice est sujette à disputes; la force est très
reconnaissable et sans dispute [2]. »

Le scepticisme moderne est bien inférieur au spi-
ritualisme ancien. La justice n'est pas, pour Cicéron aussi capricieuse. Il ajoutait : le magistrat
obéit à la loi; il n'est que son organe; l'éloquence
doit être au service de la bonne cause et il semble
que l'avocat ait reçu de la divinité même la faculté
de parler, qu'il tient de la nature [3].

1. « Est quidem vera lex, recta ratio naturæ congruens, diffusa in
omnes, constans, sempiterna, quæ vocet ad officium jubendo, vetando a
fraude deterreat... Huic legi nec abrogari fas est, nec derogari ex hac
aliquid licet, neque tota abrogari potest, nec vero aut per senatum,
aut per populum solvi hac lege possumus, neque est quærendus expla-
nator aut interpres ejus alius, nec erit alia Romæ, alia Athenis, alia
nunc, alia posthac, sed et omnes gentes et omni tempore una lex et
sempiterna et immutabilis continebit unusque erit communis quasi
magister et imperator omnium deus : ille legis hujus inventor discep-
tator, lator, cui qui non parebit, ipse se fugiet, ac naturam hominis
aspernatus, hoc ipso luet maximas pœnas, etiamsi cœtera supplicia, quæ
putantur, effugerit. » — *De Rep.* III, 22, 33.

2. Pascal, art. III, 8 et VI, 8, édit. Havet.

3. *De leg.* III, 2 et I, 88; *De orat.* I, 45, 198; 46, 202.

Convaincu de l'importance et de la dignité de l'éloquence, il exigeait de l'orateur un vaste savoir [1]. L'homme éloquent qui possède seulement une vaine rhétorique et qui n'a pas étudié longtemps, s'expose lui-même aux coups, loin de protéger personne. Les plus hautes destinées sont réservées sans doute à l'orateur dans une république. Mais c'est déjà une mission suffisamment belle que de sauvegarder devant les tribunaux la fortune, l'honneur, la vie de ses concitoyens. Pour remplir dignement cette mission, il faut être, avant tout, jurisconsulte. Autrement l'avocat n'est qu'un homme d'affaires, qui vend son talent, qui trafique de la parole, *causidicus, proclamator, rabula*, πραγματικός..., car les termes de mépris affluent dans la bouche de Cicéron et quand il a épuisé le latin, il a recours au grec. « Quelle impudence insigne, s'écrie-t-il, que d'aller et de venir dans le forum, de se présenter tous les jours devant les tribunaux où siègent les préteurs, d'y parler dans les causes les plus importantes, où souvent il s'agit, non pas de questions de fait, mais de droit, de traiter, devant les centumvirs,

---

1. *De orat.* 1, 11. 46 ; et passim, v. la théorie de Crassus. Comp. Quintilien, XII, 3.

des prescriptions, des tutelles, des droits de parenté, des alluvions, des atterrissements, des obligations, des servitudes, de murs mitoyens, de jours, de droit d'égout, de testaments annulés ou confirmés sans connaître les lois qui établissent notre propriété, notre qualité d'étranger ou de citoyen, d'esclave ou d'homme libre [1]. »

Cicéron résume ainsi les devoirs des jurisconsultes : *Respondere*, donner son avis sur une contestation, sur un fait important de la vie (un mariage, l'achat ou la vente d'un immeuble, etc.); *cavere*, indiquer au client la marche à suivre pour obtenir gain de cause; *agere*, intervenir activement devant le magistrat et devant le juge, plaider, aider de ses conseils, appuyer de sa présence la personne dont on défend les intérêts; enfin *scribere*, publier des commentaires sur le Droit. Le jurisconsulte n'est donc pas, comme en Grèce, un homme sans crédit, qui, pour de faibles hono-

---

1. *De orat.* I, 38, 173 : « Nam volitare in foro, hærere in jure ac prætorum tribunalibus, judicia privata magnarum rerum obire, in quibus sæpe non de facto, sed de æquitate ac jure certatur, jactare se in causis centumviralibus, in quibus usucapionum, tutelarum, gentilitatum, agnationum, alluvionum, circumluvionum, nexorum, mancipiorum, parietum, luminum, stillicidiorum, testamentorum ruptorum aut ratorum cæterarumque rerum innumerabilium jura versentur, cum omnino quid suum, quid alienum, quare denique civis aut peregrinus, servus aut liber quispiam sit, ignoret, insignis est impudentiæ. »

raires, prête à un avocat le secours de son savoir, *ut apud Græcos infimi homines mercedula adducti ministros se præbent in judiciis oratoribus* [1]. Le jurisconsulte et l'orateur ne se séparent pas. Avant le jour les clients assiègent en foule la porte de cet homme que l'on considère à la fois pour son talent oratoire et pour ses connaissances juridiques; ils viennent lui rendre hommage et implorer son assistance. Assis dans son atrium, il écoute chacun; puis il prononce quelques paroles, accueillies comme un oracle [2]. Sa demeure est parfois trop étroite, quoique le sénat lui ait accordé une maison sur la voie sacrée, et il se rend au forum afin qu'on l'approche plus facilement [3].

D'ailleurs les jurisconsultes ne se bornent pas à des consultations et à des plaidoiries. Ils écrivent des ouvrages. Dès l'an de Rome 220, Papirius recueillait les lois royales sous le titre de *jus Papirianum* [4]. Les publications ne se multiplièrent que

---

1. *De orat.* I, 45, 98. Cf. I, 48, 212; III, 33, 133; *pro muren.* 9.

2. *Ad famil.* XV. 4; *Tuscul.* IV, 19, 43; Pline, *Epist.* III. 13. 2 (*officia antelucana*). Lorsque Horace a tracé le portrait de Trébatius, il nous a conservé, sous une apparence plaisante, la manière de répondre des jurisconsultes. V. *Sat.* II, 1.

3. Scipion Nasica eut une maison sur la voie sacrée (*Dig.*, l. I, t. II, Pomponius). V. *de orat.* III, 33, 133; 45; 48, *pro Cœc.* 27, etc.

4. Le texte des lois royales est resté dans l'inconnu; le code Papirien,

le jour, où l'on eut arraché aux patriciens le secret
et le monopole du droit. Un siècle et demi après
les douze tables, en 450, Flavius, scribe d'Appius
Claudius Cæcus, auteur lui-même d'un traité sur
les moyens d'interrompre la prescription (*de usur-
pationibus*), divulgue les fastes et les formules
des actions de la loi, crevant ainsi les yeux aux
corneilles, dit Cicéron par dérision des pontifes et
des patriciens [1]. Les liens de la clientèle se trou-
vèrent relâchés. Les patriciens pensèrent ressai-
sir leur influence première, en employant un langage chiffré (*notæ*, *siglæ*). Mais Sextus Ælius Catus révéla une seconde fois les formules qu'on voulait cacher au peuple. Son livre reçut le titre de *Tri-
pertita*, parce qu'on y trouvait : 1° le texte des
douze tables, 2° leur interprétation, 3° les actions [2].

en Osque, paraît imaginaire (Ortolan, t. I, p. 72, Giraud, *Nov. Ench.*,
p. 1-4).

1. *Dignitas in tam tenui scientia non potest esse; res enim sunt parvæ,
prope in singulis litteris atque interpunctionibus occupatæ. Deinde etiamsi
quid apud majores nostros fuit in isto studio admirationis, id, enun-
tiatis vestris mysteriis, totum est contemptum et abjectum. Posset lege
agi, necne pauci quondam sciebant : fastos enim vulgo non habebant. Erant
in magna potentia qui consulebantur : a quibus etiam dies, tanquam a
Chaldæis petebantur. Inventus est scriba quidam Cn. Flavius, qui cor-
nicum oculos confixerit et singulis diebus discendis fastos populo pro-
posuerit et ab ipsis causis jurisconsultorum sapientiam compilarit.* (*Pro
Murena*, 11; cf. Liv. IX, 66).

2. Sextus Ælius mérita d'être appelé par Ennius: « *Egregie cordatus*

La science du droit fut alors cultivée au grand
jour. Caton avait écrit des ouvrages qui existaient
encore à l'époque de Pomponius. Son fils aîné
laissa un livre estimé *De juris disciplina* [1]. Les
Scévola, les Tubéron s'illustrèrent par les mêmes
études.

Cicéron s'attacha d'abord à Q. M. Scévola, l'augure et acheva de se former avec P. M. Scévola.
Le grand pontife composa un traité sur le droit

homo catus Ælius Sextus » éloge que Cicéron répète souvent et qu'il
commente en ces termes : *egregie cordatus et catus fuit et ab Ennio
dictus est, non quod ea quærebat quæ nunquam inveniret, sed quod ea
respondebat quæ eos qui quæsissent et cura et negotio solverent ; cuique
contra Galli studia disputanti in ore semper erant illa de Iphigenia Achil-
lis :*

> *Astrologorum signa in caelo quærit, observat, Jovis*
> *Quum capra aut nepa, aut exoritur nomen aliquod belluæ,*
> *Quod est ante pedes, nemo spectat, cæli scrutantur plagas.»*

De Rep. I, 18, 30. (Il s'agit ici de C. Sulpicius Gallus, orateur élégant,
en même temps qu'astronome distingué ; *de senect.* 14, 49 ; *de amicit.*
27, 101 ; *de off.* I, 6, 19). Cf. *de orat.* I, 45, 198 ; 48, 212 ; 56, 240 ;
II, 33, 133 ; *Brut.* 30, 78 ; *Tuscul.* I, 9, 18 ; *de senect.* 9, 27 ; *de leg.*
II, 23, 59 ; *Top.* 2, 10.

1. C'est à ce dernier peut-être qu'il faut attribuer la règle catonienne,
d'après laquelle un legs ne peut être valable lors du décès du testateur,
s'il ne l'a été au moment où le testament a été fait : *quod si testamenti
facti tempore decessisset, inutile foret, ad legatum, quandocunque de-
cesserit, non valere.* (Dig. XXXIV, 17. Cf. Gell., XIII, 20, 9). Rome eut
ses sages : *hanc cogitandi pronuntiandique rationem vimque dicendi
veteres Græci sapientiam nominabant. Hinc illi Lycurgi, hinc Pittaci,
hinc Solones atque ab hac similitudine Coruncani nostri, Fabricii,
Catones, Scipiones fuerunt, non tam fortasse docti, sed impetu mentis
simili et voluntate.* (De orat. III, 15, 56.)

civil en 18 livres. Son opinion est citée avec honneur plusieurs fois dans le *Digeste*. C'était le plus éloquent des jurisconsultes et le plus savant des orateurs. Son enseignement n'avait rien de solennel. Les jeunes gens assistaient à ses consultations, les recueillaient et les méditaient : *nemini se ad docendum dabat, tamen consulentibus respondendo, studiosos audiendi docebat* [1].

Parmi les jurisconsultes de cette époque féconde, il convient de citer en première ligne : Manilius, auteur d'un traité sur la vente [2]; M. Junius Brutus, qui avait écrit trois livres sur le droit civil, plus célèbre encore par son fils qui lui ressembla peu et qui, renouvelant à Rome les violences de Lycurgue à Athènes, mérita le surnom d'*accusateur* [3]; P. Rutilius Rufus, élève des Scévola, qui eut l'honneur d'encourir la colère des

1. Quintus Scévola était l'auteur d'un traité sur les définitions, περὶ ὅρων. Nous avons dans la caution mucienne un exemple de sa sagesse. Il avait décidé que dans le cas où la condition suspensive pour la délivrance d'un legs pourrait se prolonger pendant toute la vie du légataire, celui-ci serait mis d'abord en possession du legs, à charge de donner caution à l'héritier et de s'engager à restituer l'objet légué, s'il contrevenait à la volonté du testateur. *Dig.* XXXV. 1. V, *de orat.* I, 37, 39 ; *Brut.* 89, 306.

2. Son style était sec ; les jeunes gens aimaient peu son livre. *De orat.* I, 58, 246.

3. *Pro Cluent.* 51, 141 ; *de orat.* II, 55, 223.

chevaliers pour avoir protégé les habitants de l'A-
sie Mineure contre les exactions des publicains [1];
C. Aquilius Gallus, dont Cicéron a tracé le portrait
dans son plaidoyer pour Cécina, le premier qui en-
seigna à repousser la fraude par l'*exception de
dol* [2]; C. Aculéon, oncle de Cicéron, ami de Crassus, chez qui il apprit à connaître ceux qui l'a-
vaient précédé et qu'il devait éclipser [3]; Servius Sulpicius, dont le talent rappelait celui de Mucius
Scévola, rival de Crassus et d'Antoine, accusateur
de Muréna contre Cicéron, qui, ce jour-là, mal-
mena la jurisprudence et les juriconsultes, auteur
d'un ouvrage sur la dot [4]; Trébatius Testa, avec
qui Cicéron entretenait une correspondance en-
jouée, et qu'Horace choisit comme personnage
d'une de ses satires.

Au second rang, il faut placer : Drusus, aveugle
comme Appius [5], L. Q. Ælius Tubéron, lieutenant
de Quintus Cicéron en Asie ; Quintus Cornelius
Maximus, maître de Trébatius ; Labéon Antistius [6],

1. *Brut.* 47, 175; 34, 130; *de fin.* I, 4. 12 ; *ad famil.* VII, 22.
2. *De off.* III, 14. V. plus bas p. 36 et 37 et p. 60.
3. *De orat.* I, 43, 191 ; II, 1, 2; *Brut.* 76, 264.
4. Gell. IV, 3, 2.
5. *Tuscul.* V, 58, 112.
6. Tac., *Ann.* III, 75.

père de l'émule d'Ateius Capiton, auteur de 18 livres, intitulés Πειθανά; Granius Flaccus, qui avait commenté le *jus Papirianum*; Ælius Gallus, Aulus Ofilius, Aulus Cascellius, Q. Ælius Tubéron, disciple d'Ofilius [1].

A cette liste déjà longue on pourrait ajouter la plupart des orateurs dont il est parlé dans le *Brutus* : orateur et jurisconsulte étaient devenus des termes presque synonymes.

Les travaux si nombreux des jurisconsultes exerçaient une grande influence sur la législation. Peu à peu les lois orgueilleuses faites par les patriciens furent abrogées. L'autorité des assemblées plébéiennes, des assemblées par tribus, est reconnue et les plébiscites ont force de loi en 305 [2]. Quatre ans, plus tard, le tribun Canuleius obtient que les plébéiens puissent s'unir par le mariage aux patriciens [3]. Les dispositions rigoureuses disparaissent.

1. Ernesti, dans sa *Clavis Ciceroniana*, n'a pas relevé moins de 41 noms de jurisconsultes jusqu'à Cicéron. Cf. Ange Politien, *Lett.* IV, 9, en tête du *Digeste*, le résumé historique fait par Pomponius, etc.

2. Loi Valeria Horatia, votée sous les consuls Valérius et Horatius, immédiatement après le renversement des décemvirs. Le pouvoir des plébiscites est confirmé par la loi Publilia en 415 et par la loi Hortensia en 468. Liv. III, 65: « *ut, quod tributim plebes jussisset, populum teneret.* » Cf. Liv. VIII, 12 ; Plin., *Hist. nat.* XVI, 16 ; Gell. XV, 27.

3. Sur la loi Canuleia *de connubio patrum et plebis.* v. Florus I, 25; Plin., *Hist nat.* XVI, 10 ; Liv. II, 1, et suiv. *de Rep.* II, 37.

a loi nouvelle abolit l'engagement corporel du
ébiteur [1]; elle apporte des restrictions à la liberté
e tester, d'abord absolue [2]. La loi Æbutia [3] achève
a transformation du droit civil en remplaçant par
a procédure *formulaire* les actions de la loi [4].

Le droit criminel, comme le droit civil et les
ois politiques, subit aussi des modifications. Il y
ut même quelque confusion dans cette activité
énérale. Crassus concevait déjà le plan d'un ou-
rage embrassant tout le droit civil; Cicéron com-
nença un travail d'ensemble; César, à son tour,
ouhaitait d'associer son nom à la gloire d'un Code
Civil. La coordination de tant de lois devenait
onc nécessaire [5].

1. Loi Petilia Papiria, 428. V. Liv. VI, 36 et VIII, 28.
2. Loi Cincia, 550 ; loi Furia testamentaria 571, loi Voconia, 585.
3. On place cette loi entre les années 520, 577 et 583, v. Gaius IV,
o ; et Gell. XVI, 10.
4. Les fonctions de juges étaient l'objet de discussions fréquentes en-
e sénateurs et chevaliers. Les lois judiciaires (*leges judiciariæ*), régle-
nentant cette matière, sont au nombre de huit : la loi *Sempronia* de
32 est la première; la dernière est la loi *Julia*, en 708, ou 729, sui-
ant qu'on l'attribue à César, ou à Auguste.
5. *M. Tullius non modo inter agendum nunquam est destitutus scientia
uris, sed etiam componere aliquid de eo cœperat : ut appareat posse
ratorem, non dicendo tantum juri vacare, sed etiam docendo. (Instit.
rat.* XII, 3*). Jus civile ad certum modum redigere atque ex immensa
iffusaque legum copia, optima quæque et necessaria in paucissimos
onferre libros.* (Suétone, *César*, 4). Cf., Gell. I, 22, 7 ; Cic., *de orat.*
42, 190.

Ainsi l'étude des lois était indispensable. Elle pa
raissait d'ailleurs pleine de charme ; après avoi
fait l'une des principales occupations de la vie, ell
était encore la consolation et l'honneur de la vieil
lesse. *Senectuti celebrandæ et ornandæ quid ho
nestius potest esse perfugium quam juris interpre
tatio?*

Le jurisconsulte jouissait de la considération l
plus légitime. Les clients venaient à lui, comm
les suppliants qui cherchent asile auprès des au
tels.

« Je soutiens, disait Cicéron d'Aquilius Gallus
qu'on ne peut trop déférer à l'autorité d'un homme
dont le peuple romain a connu les lumières pa
les sages formules qu'il indiquait aux plaideur
et non par de vaines subtilités, qui n'a jamais sé
paré le droit civil de l'équité naturelle, qui depui
tant d'années, consacrant au peuple romain so
génie, ses travaux, ses vertus, tient sans cess
ouverts pour lui ses trésors. Il est si juste, si hon
nête que ses décisions paraissent dictées par l
nature même et non par la science seule; il est s
sage qu'il semble devoir au Droit civil, non seu
lement les qualités de son esprit, mais encor
celles de son cœur : c'est enfin un homme dou

n génie si étendu et d'une candeur si franche
'on sent soi-même qu'on ne puise rien que de
pide et de pur à une telle source [1]. »
C'est le portrait de Cicéron même. Il avait, lui
ssi, engagé, en quelque sorte, sa parole; il
tait voué à la défense des honnêtes gens. Une
tique malveillante n'a voulu cependant voir en
qu'un avocat habile sans doute, mais sans con-
ction, sans doctrine, plaidant avec la même faci-
é le pour et le contre [2]. On fait un crime à Ci-
ron d'avoir hésité entre les partis politiques,
ant de César à Pompée, flattant, un jour, le
uple, et, le lendemain, cherchant à reconqué-
r les sympathies de la noblesse. Là ne se bor-

[1]. Quapropter hoc dicam nunquam ejus auctoritatem nimium valere,
us prudentiam populus Romanus in cavendo, non in decipiendo
spexerit, qui tot annos ingenium, laborem, fidem suam promptam
positamque populo Romano præbuerit : qui ita justus est et bonus
, ut natura, non disciplina, consultus esse videatur, ita peritus ac
udens, ut ex jure civili non scientia solum quædam, verum etiam
nitas nata videatur, cujus tantum ingenium, ita sincera fides ut quid-
id inde haurias, purum te liquidumque haurire sentias. *Pro Caec.*, 27.
. ci-dessous.

2. « De conviction, de passion, Cicéron n'en a pas, dit Mommsen; il
est qu'un avocat et, pour moi, qu'un avocat médiocre. Il expose bien
point de fait, le relève d'anecdotes piquantes, il excite, sinon l'émotion,
moins la sentimentalité de son auditoire, il avive la sécheresse du
jet juridique par son esprit et par le tour souvent personnel de son
prit.... Ce que j'admire ici c'est moins le plaidoyer que l'admiration
'il a fait naître... » *Hist. Rom.*, t. VI, p. 332, t. VIII, p. 275. — Cf. Am-
re, *Hist. Rom.* t. IV, p. 16, p. 26, p. 430 et suiv.

nent pas les critiques. Le même orateur, remar
que-t-on volontiers, force Verrès à s'exiler et s
charge de la défense de Fonteius, coupable d'excè
tout semblables en Gaule; le même avocat, tou
à tour, invoque ou combat le droit de légitim
défense, suivant qu'il plaide pour Milon ou pou
Cécina. Cicéron méprise le barreau, il déclare qu
la plaidoirie est d'autant meilleure que l'avoca
sait que la rémunération se fera moins attendre
Il n'estime pas davantage la justice : « Je ne sai
ce que je dirai pour eux, avoue-t-il au sujet d
Scaurus et de ses coaccusés; mais ils seront ab
sous et, après cela, on ne pourra plus condamne
personne [2]. » Il ne donne que la seconde place
la jurisprudence, et réserve la première pour l
rhétorique pure. Trois jours lui paraissent suffi
sants pour devenir jurisconsulte; la connaissanc
de quelques formules ridicules constitue à ses yeu
toute la science du droit [3]. Sa morale n'est pas plu
ferme que ses principes politiques ou ses convic
tions juridiques. « Quel plaisir peut-on trouver
voir un homme faible déchiré par une bête trè

1. *De off.* II, 20, 69. Il n'y a qu'à lire tout le chapitre pour voir q
tout autre est la pensée de Cicéron.

2. *Ad Att.* IV, 16 et III, 22. Cf. Val. Max. VIII, 1, 10.

3. *Pro Murena.* XIII, 28.

forte, ou un noble animal transpercé par un jave-
lot? » Peu après avoir écrit ces paroles, il estime,
au contraire, que les combats de gladiateurs sont
une discipline excellente, qui fortifie contre la
douleur et la mort; il complimente Atticus sur le
succès des gladiateurs qu'il vient d'acheter [1].

On relève ainsi des passages, où Cicéron a pu se
contredire. Il n'est que trop facile, dans une œuvre aussi considérable, de prendre, çà et là, un mot,
une pensée, et de s'en faire un argument contre
Cicéron. Le peu de suite qu'on reproche à sa conduite est plutôt une preuve d'honnêteté, que d'in-
constance ou de faiblesse. Quand la confusion est
partout, n'est-ce pas un mérite que de se ranger
toujours du côté de la modération? Nous ne nous
étonnons pas qu'un théâtre plus vaste et plus re-
tentissant que l'enceinte étroite, où se déroulent
d'ordinaire les débats judiciaires, ait plu à Cicéron
et qu'il se soit mêlé aux luttes politiques. Il y avait
en lui, comme chez Démosthène, un besoin « d'em-
braser les esprits, d'allumer un vaste incendie [2]. »
L'orateur, dans les Républiques anciennes, pou-

---

1. *Ad famil.* VII, 1; Cf. *Ad Att.* IV, 4, *De off.* II, 16; *in Verr.* II,
IV, 3, 59.

2. Longin, *Du subl.* XII, 4.

vait justement prétendre à « régner dans la cité [1]. » Il est naturel qu'à l'exemple de ses prédécesseurs et de ses contemporains, Cicéron se soit préparé longuement à l'exercice de la parole et qu'il ait aimé ces études minutieuses, mais nécessaires, auxquelles il devait, en partie, ses triomphes. Mais nous sommes persuadés que le soin de la forme ne lui fit jamais négliger le fond et qu'en même temps qu'il étudiait la rhétorique, il cultivait avec passion la philosophie et la science juridique. A ceux qui se prévalent du *pro Murena* pour déprécier la valeur de Cicéron comme jurisconsulte, on peut répondre que l'orateur, ayant ce jour-là à plaider, contre un savant aussi distingué que Servius Sulpicius, pour un homme de guerre, s'efforçait de diminuer l'importance de la jurisprudence, pour exalter d'autant la gloire militaire. D'ailleurs le formalisme, les chicanes de mots, l'arsenal de lois tombées en désuétude, où son adversaire allait chercher ses traits, tout cela n'était pas sans raison l'objet des railleries de Cicéron et ce discours nous paraît conforme à une doctrine constante. Cicéron avait toujours répudié une procédure captieuse et essayé de rompre ces

[1]. Quintilien, *Inst. Orat.* X, 1, 105-113.

~ailles, où se prenait la simplicité et qui laissaient
~chapper la fourberie. Comme il s'efforçait de faire
~énétrer la raison dans les lois, il s'irritait de voir
~ulpicius prendre la défense de principes opposés.
~ar là s'expliquent aisément les critiques du *pro
Murena* contre les juristes et la jurisprudence.
~es adversaires de Cicéron ne peuvent pas da-
~antage tirer parti des lignes suivantes du *pro
Cluentio* (c. 5o, § 139) : « C'est se tromper étran-
gement que de chercher, dans nos discours, des
opinions définitives; notre manière de voir dépend
de la cause, des circonstances, non des hommes,
des avocats. — *Errat vehementer si quis in ora-
tionibus nostris, quas in judicio habuimus, aucto-
ritates nostras, consignatas se habere arbitratur.
Omnes enim illæ causarum ac temporum sunt, non
hominum ipsorum aut patronorum.* » L'orateur
reconnaît seulement que chaque cause doit être
plaidée avec des arguments différents. L'avocat,
en effet, est exposé à des contradictions journa-
lières. L'avocat ne peut pas, en plaidant, faire un
enseignement, ses plaidoiries ne sauraient être
des leçons. Il doit avant tout sa protection au
client. Le législateur a visé dans la loi le cas le
plus général; à l'avocat de faire voir au juge en-

suite dans quelle mesure le texte doit s'appliquer. Il suffit de lire la fin de ce passage pour voir nettement la pensée de Cicéron : « Car, si les causes pouvaient se défendre d'elles-mêmes, on n'aurait pas recours à nous; on vient à nous, pour que nous présentions, non des arguments que consacrerait notre autorité, mais ceux que les faits, que la cause peuvent nous fournir. — *Nam si causæ ipsæ pro se loqui possent, nemo adhiberet oratorem. Nunc adhibemur, ut ea dicamus, non quæ auctoritate notra constituantur, sed quæ ex re ipsa causaque ducantur.* »

Ainsi s'évanouissent les accusations portées contre le jurisconsulte; les reproches adressés au philosophe ne sont pas plus légitimes. Cicéron ne s'était pas contenté de traduire Platon; il avait extrait des doctrines de la Grèce un excellent traité de morale. Le *De officiis* restera l'un des plus beaux ouvrages qu'ait produits l'antiquité [1]. Cicéron s'élève bien au-dessus de la sagesse égoïste du monde ancien; il a connu une charité presque chrétienne. « La nature prescrit à

1. Montaigne, si sévère d'ordinaire pour Cicéron, goûte cependant ses œuvres philosophiques, « quoique ce qu'il a de vif et de mouelle soit estouflé par ses longueries d'apprests. » V. les *Essais*, passim.

l'homme de faire du bien à son semblable, disait-il, par cette seule raison que c'est un homme comme lui. — N'écoutons pas ceux qui viennent nous dire qu'il faut en vouloir mortellement à ses ennemis et que ces haines violentes indiquent qu'on a du cœur; au contraire, rien n'est plus digne d'éloge, rien ne convient mieux à une âme généreuse que la douceur et le pardon [1]. » L'âme de Cicéron est, pour ainsi dire, à l'étroit dans Rome; il se regarde comme un citoyen du monde [2]. Sa bonté s'étendait à ses esclaves et il accordait à l'un d'eux son amitié [3]. Dans les ouvrages philosophiques de Cicéron, il y a plus qu'un éclectisme savant et qu'un talent remarquable de vulgarisation; il est injuste de prétendre que Cicéron n'eut que du goût pour la philosophie ainsi que pour le Droit [4].

Il fut jurisconsulte, comme on l'était de son temps, c'est-à-dire qu'il étudia les lois, qu'il donna

1. *De off.* III, 6, 27 et I, 25, 88; I, 23, 61.
2. Comp. Lamartine : « Je suis concitoyen de tout homme qui pense. »
3. Les idées se modifiaient d'ailleurs; il y avait déjà longtemps que, dans une pièce de Plaute (*Asin.* II, 4, 83), on avait entendu un esclave rappeler à son maître qu'il était un homme comme lui : « tam ego homo sum quam tu. »
4. Teuffel, *Hist. de la litt. Rom.*

dès consultations et surtout qu'il plaida. Il ne tint pas école, il ne chercha pas à former des disciples. Mais son influence ne fut pas moins très directe et très sensible. Tous les jurisconsultes qui regardent la loi civile comme émanant de la loi philosophique, Cujas, Montesquieu, Beccaria, sont des élèves de Cicéron.

L'utilité des ouvrages de Cicéron pour l'étude du droit n'avait pas été méconnue C'est à Cicéron qu'on demandait le commentaire élégant d'un texte aride, la confirmation d'une règle juridique, un renseignement parfois unique. Mais on s'est plus préoccupé de faire servir Cicéron à l'explication de textes classiques que de l'étudier à part, pour lui-même, et de faire ressortir ce que lui doivent l'histoire et la jurisprudence. On ne paye le plus souvent ce complaisant auxiliaire que d'ingratitude. Est-il en désaccord avec la législation de Justinien, au lieu d'expliquer la différence des jurisprudences par la différence des temps, on l'accuse d'erreur, de mauvaise foi même.

Une telle méthode se juge d'elle-même. Le meilleur moyen de saisir la pensée de Cicéron, c'est de s'adresser à Cicéron, de lire ses ouvrages, de les comparer. Tel passage d'abord peu compris n'offre plus de difficulté, quand on l'a rapproché d'un autre. Il faut avoir recours ensuite aux auteurs antérieurs ou aux contemporains, rarement à ceux qui ont suivi.

On reconnaîtra alors que Cicéron possédait une science véritable. Sans doute, il est le premier de tous les orateurs romains et, lorsqu'on le considère dans l'ensemble et dans la variété de ses ouvrages, il apparaît comme le plus grand écrivain du monde [1]. L'art chez Cicéron a frappé les esprits plus que la science [2], et l'admiration qu'on a accordée à l'artiste a nui à celle qu'on devait au savant : cependant, si de tous les auteurs latins, Cicéron seul nous était parvenu, ses œuvres suffiraient encore à nous donner de Rome une idée exacte, car c'est avec lui que l'antiquité romaine se montre sous sa forme la plus vraie et la plus belle.

Deux manières s'offraient de traiter ce sujet. On aurait pu, après avoir marqué la place de Cicéron parmi les jurisconsultes, relever les passages relatifs au Droit et les réunir dans un cadre classique.

1. Villemain, *Notice.*
2. Fénelon, *Lett. à l'Académie (Rhétorique); dial. des morts, 3*; Montesquieu, *Grand. et décad.*, c. 12.

On aurait essayé de montrer ce qu'étaient, pour Cicéron, la famille, la propriété, les contrats, de mettre en relief ses idées et les changements qu'elles ont préparés.

Nous avons pensé qu'il était préférable de choisir, parmi les discours, ceux qui appartiennent plus spécialement au genre judiciaire et, les faits établis, le point de droit mis en lumière, de voir comment Cicéron a plaidé sa cause, comment il a réfuté les arguments de son adversaire. En adoptant cette méthode, nous aurons sous les yeux Cicéron lui-même, Cicéron se livrant à la plus noble des tâches réservées au jurisconsulte, *agissant*, c'est-à-dire, mettant au service de son client, sa science, son éloquence, toutes les ressources de son esprit.

I

PLAIDOYER POUR P. QUINCTIUS

Voies d'exécution contre les créanciers : *Manus injectio,
bonorum emptio, sectio bonorum.* — Appel aux Tribuns.
— Pouvoirs du préteur.

I

EXPOSÉ DES FAITS.

Caius Quinctius, frère de Publius Quinctius, s'était associé avec Sextus Névius, pour l'exploitation de terres en Gaule et le commerce des troupeaux. La société ne dura pas. Quelques années après, en effet, Caius mourait, laissant, pour héritier, Publius.

Celui-ci se rend en Gaule, auprès de Névius; il passe toute une année avec lui, sans qu'il y ait aucune contestation entre eux. Caius, cependant, avait laissé des dettes et Publius, pour les acquitter, fit savoir par affiches qu'il vendrait, aux enchères, à Narbonne, les biens dont il venait d'hériter. Mais Névius offre sa bourse à Publius

4

et le dissuade de mettre en vente les biens de son frère [1]. Publius revient donc à Rome ; il annonce à ses principaux créanciers, les Scapula, qu'il est prêt à les payer. Le règlement des comptes est fait par un ami de la famille, le célèbre jurisconsulte Aquilius Gallus, qui devait être juge plus tard dans le procès entre Publius et Névius. Comme les dettes avaient été contractées en Gaule et qu'elles devaient être acquittées à Rome, le remboursement se compliquait d'une question de change, facilement tranchée d'ailleurs par un des banquiers établis près du temple de Castor [2]. Ces préliminaires terminés, on convient du jour du paiement [3].

Tout à coup, Névius revient sur ce qu'il a promis ; il se refuse à donner à Publius un seul as, tant que les comptes de la société n'auront pas été apurés. Quinctius, surpris, obtient un délai de ses créanciers, fait vendre, mais avec perte,

1. Cum æris alieni aliquantum esset relictum, quibus nominibus pecuniam Romæ curari oporteret, auctionem in Gallia, P. hic Quinctius Narbone se facturum esse proscribit, earum rerum, quæ ipsius erant privatæ (IV, 15.)

2. Le temple de Castor était situé vers l'extrémité orientale du Forum ; près de là s'élevèrent, plus tard, le temple de César et l'arc de Titus. Cf. *in Verr.* II, L, 49, 129, etc., et Ampère, *Hist. Rom.*

3. C'était le pacte de *constitut.* Cf. *Instit.* IV, 6, 9 ; *Dig.* XII, 5.

les biens, dont il avait annoncé une première fois la mise aux enchères, et s'acquitte envers les Scapula.

Quinctius somme alors Névius de s'expliquer. M. Trébellius, représentant de Névius et Sextus Alfénus, représentant de P. Quinctius, essayèrent vainement de terminer l'affaire à l'amiable [1]. Le procès s'engage [2]. Après plusieurs remises [3], Névius se présente enfin. Il n'a, dit-il, rien à démêler avec Quinctius [4].

On se sépare donc. Trente jours après Quinctius part pour la Gaule : c'était le second jour avant les calendes de février. A Volaterres, Quinctius est rencontré par L. Publicius, intendant de Névius, qui amenait de Gaule des esclaves pour les

---

1. Cette tentative de conciliation s'appelait *congressus*, et la promesse de se réunir pour l'entendre, *constitutum*. Pro Quinct. v, 20, XXVII, 85 ; *pro Cœlio*, VII, 20.

2. Res esse in vadimonium cœpit. Le *vadimonium* est une *cautio sistendi*, une promesse diversement garantie de se retrouver, à jour fixe, devant le magistrat, soit que cette promesse intervienne *extra jus*, hors la présence du magistrat, lors de l'*in jus vocatio*, soit qu'elle ait lieu *in jure*, après une première comparution devant le préteur. — V. Bonjean. Traité des Actions t. 1 p. 453 ; Keller, *Pro. Civ.*, p. 203. Gaius IV, 184 ; Varron. *de l. l.* VI, 74 ; Gell. XVI, 10, etc.

3. Cum vadimonia sæpe dilata essent.

4. *Ait se neque vadari amplius, neque vadimonium promittere*, il dit qu'il n'exigera et qu'il ne fournira plus de caution pour un autre ajournement.

vendre à Rome. Névius est averti du départ de Quinctius. Il se hâte de convoquer ses amis pour le lendemain, à la seconde heure (7 heures du matin), près du comptoir du banquier Sextius [1]. Là, Névius prend ses amis à témoin qu'il est présent, tandis que Quinctius [2] fait défaut. On rédige un acte [3].

Fort de ce témoignage, l'adversaire de Quinctius sollicite du préteur Burriénus qu'il lui soit permis de posséder les biens de l'absent, conformément aux prescriptions de l'édit du préteur [4]. Le magistrat acquiesce à cette demande et Névius met en vente les biens de Quinctius [5]. Mais Sextus Alfénus, à la fois parent de Névius et ami de Quinctius, arrache les affiches [6], reprend à Névius un esclave qu'il a voulu saisir, et se déclare le mandataire de Quinctius [7]. Celui-ci ne fait pas défaut, puisqu'il a un représentant.

---

1. C'était généralement devant le comptoir des banquiers qu'on se donnait rendez-vous pour faire constater un fait. Le rôle du banquier était peut-être celui de principal témoin ou d'officier ministériel, pour employer un langage moderne. — Cf. *pro Cæc.* VI, 16; Cf. Hotman, vol. III, p. 779 et 780, édit. 1600.

2. Testificatur iste P. Quinctium non stitisse et se stitisse.

3. Tabulæ maximæ signis hominum nobilium consignantur.

4. Ut ex edicto bona possidere liceat.

5. Jussit bona proscribi ejus.

6. Libellos dejicit.

7. Procurator.

Vers la même époque, les esclaves de Névius, en Gaule, chassent Quinctius du domaine qui avait appartenu jadis aux deux associés [1]. La société entre Névius et Caius Quinctius avait été dissoute par la mort de ce dernier, mais les comptes n'ayant pas été réglés, il subsistait, entre Névius et Publius Quinctius, un lien que Cicéron appelle élégamment *hereditaria societas*, une société résultant de la qualité d'héritier d'un associé. Il y avait donc là un acte de violence, que rien ne justifiait, puisque la propriété était encore indivise. Aussi cet attentat fut-il sévèrement puni par le propréteur C. Valérius Flaccus [2].

Quel pouvait être le but de Névius ? Il voulait, nous dit Cicéron, perdre de réputation Quinctius. En effet, le débiteur, dont les biens étaient mis en vente, devenait infâme [3]. Afin de réussir dans ce mauvais dessein, furieux de l'intervention de Sextus Alfénus, Névius refusait à celui-ci la qualité de mandataire de Quinctius. Il n'accepterait,

---

1. Cf. le *pro Cæcina.*

2. Le magistrat chargé d'administrer une province avait le pouvoir militaire, l'*imperium*. Cicéron nous dit en parlant de Flaccus : « Confugit ad imperatorem, qui tunc erat in provincia. »

3. Il imitait les mauvais gladiateurs qui frappent leur adversaire, à la tête, ajoute Cicéron, en jouant sur le mot *caput* qui signifie à la fois tête et considération.

disait-il, le débat avec lui, que s'il donnait caution pour garantir le paiement de la somme que Quinctius pourrait être condamné à compter à son créancier [1]. Alfénus prétendait que le mandataire, *procurator*, ne pouvait être obligé à plus que la partie représentée, *reus* : Quinctius présent n'avait pas à donner caution, donc Alfénus, son représentant, n'y était pas tenu davantage. Cette question importante ne fut pas tranchée, ni par le préteur, ni par les tribuns, à qui on fit appel. Les deux parties se mettent d'accord enfin; il est convenu que Quinctius sera attendu jusqu'aux ides de septembre.[2]

Quinctius revient et comparaît. Mais Névius, si pressé d'en finir, lorsque son adversaire s'éloigne, tergiverse dès qu'il le voit. Il l'amuse pendant dix-huit mois avec des propositions d'accommodement; puis il lui oppose la même fin de non-recevoir qu'à Alfénus et exige caution de lui, en

---

1. Ut procurator judicatum solvi satisdaret. Le mot de *cautio* s'entendait de toute garantie; la *satisdatio* était une caution spéciale. C'était l'engagement d'autres personnes, nommées *fidéjusseurs*, venant s'ajouter à l'engagement pris par la partie et le garantissant. — Chez nous la caution consiste généralement dans le dépôt d'une somme d'argent. La caution *judicatum solvi* n'est exigée, en France, que des étrangers. (C. Civ. art. 16).

2. Vadimonium sistit.

conformité du droit prétorien, puisqu'*il a possédé pendant trente jours les biens de son débiteur absent* [1]. Quinctius se refuse à donner caution : Névius n'a pas possédé les biens de son débiteur, conformément à l'édit ; en effet le débiteur n'a pas fait défaut ; il a été représenté par Alfénus. C'est en vain que Névius invoque une formule qui ne s'applique pas au cas présent.

Cependant Quinctius fut obligé par le préteur Dolabella à donner caution, ou à faire avec Névius une *sponsio,* c'est-à-dire, à stipuler de Névius le paiement d'une somme d'argent, *dans le cas où il serait établi que ses biens n'avaient pas été possédés pendant trente jours, conformément à l'édit de Burriénus, le préteur* [2].

En donnant caution, Quinctius reconnaissait que ses biens avaient été régulièrement possédés par Névius, il se perdait lui-même de réputation [3], il avouait sa dette et paraissait avoir été de mauvaise foi, puisqu'il avait fait défaut ; en faisant avec Névius une *sponsio,* dans

---

1. Quod ab eo petat, cujus ex edicto bona dies triginta possessa sint.

2. Si bona sua ex edicto P. Burrieni prætoris dies triginta possessa non essent.

3. Se ipse capitis damnabat.

les termes dictés par Dolabella, Quinctius était obligé, quoique défendeur au fond, de prouver que la possession de ses biens par Névius n'avait pas été régulière; Quinctius devenait donc demandeur par le fait, ce qui était une position plus difficile, il devait réfuter son accusateur, avant de l'avoir entendu.

Quinctius accepta la *sponsio* : c'était le parti le plus honorable. Le juge C. Aquilius a donc à élucider cette question : les biens de Quinctius ont-ils été, ou non, possédés pendant trente jours, suivant l'ordonnance du préteur. Tranchée en faveur de Névius, la saisie est valable, Quinctius est tenu de donner caution; résolue dans le sens de Quinctius, la saisie est annulée, Névius redevient demandeur, et Quinctius, défendeur, c'est à Névius d'établir comment il est le créancier de Quinctius. La question soumise à Aquilius est donc préjudicielle.

II

Ce procès eut lieu en 673. Cicéron plaidait sa première cause : il avait vingt-six ans, à peu près l'âge vers lequel Démosthène entra dans la carrière [1]. L'intérêt qu'offrait la question de droit avait attiré l'attention. Le procès revenait pour la seconde fois devant le juge Aquilius. M. Junius avait plaidé pour Quinctius dans la première action. Cet orateur ne nous est connu que par les éloges que Cicéron lui donne dans son plaidoyer [2]. Il est probable que Névius fut alors défendu par le célèbre orateur Philippe [3]. Hortensius, dans l'audience suivante, se chargea de la cause de Névius : il

1. Cf. Gell. xv, 28.
2. *Pro Quinct.* i, 3.
3. *Ibid.* xxii, 72 ; xxiv, 77 ; xxvi, 80.

était alors dans toute sa gloire et s'élevait au-
dessus des Crassus et des Antoine. Cicéron ne
lui ménage pas les éloges; il voyait en lui un modèle [1]. La modestie du débutant dut plaire, autant
que son talent dut surprendre.

Nous n'avons d'autres détails sur P. Quinctius
que ceux qui nous sont fournis par le plaidoyer de
Cicéron. Remarquons seulement qu'il était beau-
frère de Q. Roscius, l'illustre comédien, à qui Cicéron prêtera bientôt le secours de son éloquence
et pour lequel il professa, toute sa vie, une grande
admiration [2].

Sextus Névius est un personnage moins connu
encore. Il avait été *præco*, ainsi que nous le voyons
par le discours de Cicéron. Les *præcones* étaient
au nombre des officiers subalternes de justice, des
*apparitores (scribæ, accensi, interpretes, viatores,
lictores, carnifices)* [3]. Ils réclamaient le silence
pour les magistrats, *audientiam faciebant,* citaient
les accusés, les témoins, en criant : *prodeant;* ar-
rêtaient les avocats par ce mot : *dixit.* Dans les

1. *Pro Quinct.* IX, 33; x, 35; XXIV, 77.
2. *Ibid.* XXIV, 77.
3. Cf. Sigonium, *Ant. Jur. Rom.* l. II, 15, p. 127, b. — *Ad Herenn.*
IV, 55; *pro Flacco,* XV, 34; *In Verr.* II, 30, 75; *pro Quinct.* XV; *pro leg.
agr.* II, 18.

ventes à l'encan, ils criaient les prix. La lance
était leur attribut, les biens mis aux enchères
étaient vendus *sub hasta præconis* [1]. Dans les comices, les crieurs publics remplissaient les fonctions de hérauts; ils recueillaient les suffrages des
tribus et proclamaient les résultats; chaque tribu
avait son *præco*. « *Me non singulæ præconum
voces, sed una voce universus populus Romanus
consulem declaravit* » dit Cicéron en parlant de
son élection au consulat [2]. Les *præcones* étaient
aussi peu considérés que les hérauts grecs; on les
traitait d'histrions, on leur reprochait de vendre
leur voix. Gallonius et Granius étaient particu-
lièrement méprisés [3]. Les crieurs répondaient par
des mots cruels aux injures qu'on leur adressait;
on redoutait non moins leur esprit que leur triste
ministère.

C. Aquilius Gallus appartenait à l'école des jurisconsultes qui, ne séparant pas l'équité du droit,
firent peu à peu disparaître les différences exis-
tant entre le droit civil et le droit naturel. Il fut
préteur en 688 avec Cicéron et présida le tribu-

1. *Pro leg. agr.* i, 2, 6.
2. *Pro leg. agr.* ii, 2, 5.
3. *Pro Quinct.* passim et notamment c. xxx; *de fin.* ii, 8 et 28; *Brut.*
xliii, 160 et xlvi, 172, *de orat.* ii, lxx, 280, etc.

nal (quæstio) qui eut à juger l'accusation de brigue portée contre Cluentius. En 691, il refusa d'être le compétiteur de Cicéron, alléguant que ses infirmités et ses nombreuses occupations l'empêchaient de briguer le consulat : *juravit morbum et illud suum regnum judiciale opposuit* [1].

Au nombre des assesseurs, formant le conseil du juge Aquilius se trouvaient : P. Quinctilius, M. Marcellus, L. Lucilius Balbus. Lucilius Balbus était un savant jurisconsulte dont Servius Sulpicius Galba avait suivi les leçons, en même temps que celles d'Aquilius [2]. Cicéron dit dans le *pro Cluentio* (xix, 53) que P. Quinctilius Varus était un homme d'une grande probité et très estimé, *summa religione et summa auctoritate præditus*. M. Claudius Marcellus était de même *vir primarius, summo officio ac virtute præditus*. Cicéron ne le cite jamais qu'avec éloge [3].

Le juge choisissait lui-même son conseil, *con-*

1. Aquilius ne doit pas être l'auteur de la loi Aquilia *de damno injuria dato.* Cicéron parle de cette loi dans le *pro Tullio* comme d'une disposition fort ancienne. — Sur Aquilius v. p. 33, 36 et 37 Cf. *Brut.* xlii, 154; *pro Cæc.* 27; *pro Cluent.* liii, 147; *Top.* vii, 32; *pro Balbo,* xx, 45; *de off.* xiv, 60 et xv, 61; *de nat. deor.* iii, xxx, 74; *ad Att.* i, 1, 1; *Brut.* xxxiv, 131. Cf. Val. Max. vii, 2, 2.

2. *Pro Quinct.* xvii, 54; *Brut.* xxxvi, 136 et xlii, 154.

3. *In Verr.* i, li, 135; *pro Font.* vii, 13.

silium advocabat; il le formait de jurisconsultes, ses amis. Ceux-ci donnaient un simple avis, *in consilio aderant;* la responsabilité du jugement retombait tout entière sur le juge [1].

1. Sur le *judicis consilium,* v. *pro Quinct.* I, 5; VI, 22 ; X, 34; XVII, 54; *pro* Q. *Rosc.* v, 8; *in Verr.* II, 29, 71 — Cf. Suét. *Dom.* c. 4 ; Val. Max. VIII, 2, 2. Gell. XII, 13 et XIV, 2.

III

Dans un exorde fort habile, où on sent peut-être
trop le travail et la recherche des antithèses, mais
où se révèlent déjà ses qualités, Cicéron montre
combien son client est digne d'intérêt. Il représente Névius comme un homme tout-puissant;
Quinctius, au contraire est un inconnu, sans ami,
sans protection. Névius n'a pas seulement pour
lui la fortune, le crédit, il est encore défendu par
Hortensius, le plus éloquent de tous les avocats
de Rome, tandis que Quinctius a été obligé de
confier ses intérêts à un débutant. Cicéron n'a pas
eu même le temps d'étudier une cause hérissée de
difficultés.

Toutes ces circonstances semblent être défavorables aux intérêts de Quinctius. Aussi l'avocat place-t-il toute son espérance dans la sagesse et la justice d'Aquilius : compliment forcé, mais auquel le juge est sensible.

Cicéron critique tout d'abord la conduite de Dolabella. Il était assez dans les mœurs judiciaires de prendre à partie le magistrat, lorsque ses décisions n'avaient pas été selon le vœu de l'avocat et de son client [1]. Cicéron reproche donc au préteur d'avoir transformé un procès, où il n'y avait en jeu que des intérêts pécuniaires, en un autre procès, où l'honneur de Quinctius est en péril : *Contra omnium consuetudinem judicium prius de probro quam de re maluit fieri*. Sommes-nous ici en présence d'un artifice oratoire, destiné à faire ressortir davantage l'inégalité des situations, ou bien l'accusation portée par Cicéron contre Dolabella est-elle fondée?

1. Cf. *pro Tullio* xvi, 38 et l'exorde du *pro Cæcina*.

IV

PROCÉDURE CONTRE LES DÉBITEURS : MANUS INJEC-
TIO, SECTIO BONORUM, EMPTIO BONORUM ; AUC-
TIO ; INFAMIA.

Avant d'examiner cette question, il est indispensable de rappeler la procédure suivie contre les
débiteurs[1].

Dans notre droit moderne, le débiteur oblige
tous ses biens présents et à venir. Le créancier,
pour se payer, peut faire vendre les biens de son
débiteur ; dans quelques cas seulement, il a le droit
d'exercer la contrainte par corps. En d'autres ter-

1. Keller, *Semest.* p. 69 et suiv. Bethmann-Hollveg, l. I, § 28 et 29 ;
de Caqueray, *Expl. des principaux passages de Cic. relatifs au Droit,*
p. 101. et suiv. — Ortolan, *Cours de Dr. Rom.* t. III, p. 113-121. —
Tambour J. : *Des voies d'exécution sur les biens des débiteurs, tant dans
le Droit français que dans le Droit romain.*

es, en cette matière la liberté individuelle est
e principe [1].

On avait suivi à Rome, une marche tout op-
osée. La loi des xii tables avait établi que la per-
onne même du débiteur répondrait de sa dette.
e créancier avait sur le débiteur main-mise,
anus injectio. Le débiteur, lorsqu'il ne payait
as au moment convenu, était réduit en une sorte
'esclavage, il était adjugé, *addictus* à son créan-
ier [2]. S'il y avait plusieurs créanciers, ils pouvaient
mettre à mort le débiteur et se partager les lam-
eaux de son corps [3]. Mais le débiteur n'était vendu
omme esclave, à l'étranger, au delà du Tibre,
on corps ne pouvait être déchiré, qu'après qu'il
vait été mis en demeure de payer. Il devait être
onduit pendant trois jours de marché consécu-
ifs dans le *comitium*, devant le magistrat. Là,
n faisait à haute voix la déclaration de la somme
ue. Si personne ne se présentait pour répondre
e lui, le débiteur était livré à ses créanciers.

1. C. C. art. 2063, 2092 et 2093. V. aussi les lois du 27 avr. 1832
t de 1867.

2. Gaius, iii, 77-81; Instit. iii, 12 *de successionibus sublatis quæ fie-
ant per bonorum venditionem et ex s. c. Claudiano*. v. la paraphrase
e Théophile sur ce texte. Cf. Gell. xx, 1; Quintil. iii, 6; Gaius, iv,
21.

3. Tertiis nundinis, partes secanto, iiie table.

L'état, créancier, contrairement à l'usage, était moins dur. Il faisait saisir en bloc et vendre les biens du débiteur. Cette vente s'appelait *sectio bonorum* et l'adjudicataire, *sector*. La *sectio* n'avait lieu qu'après la confiscation ou *publicatio* [1].

Le nom d'*auctio* avait été d'abord appliqué aux ventes forcées d'effets particuliers, après apposition d'affiches annonçant la mise aux enchères (*proscriptio*). Peu à peu, ce terme fut employé pour désigner les ventes volontaires [2].

Il y avait, dans les villes importantes, de grandes salles bâties exprès, avec des cours et des portiques, qu'on appelait *atria auctionaria*, où se faisaient les ventes aux enchères. Un banquier y présidait. Il retirait le plus souvent un double profit : un droit de commission sur le prix de vente, un intérêt pour la somme avancée à l'acheteur qui devait s'acquitter immédiatement [3].

Le droit rigoureux des xii tables tomba en désuétude ; on doute même qu'il ait été jamais exercé dans toute sa barbarie. Les préteurs adoptèrent

1. Cf. Asconium, *Comm. in Verr.* i, 20, et 23. Cic. *Pro. Rosc. Amer.* 29, 31, 33, 36, 43, 51, etc. Liv. xxviii, 58 et 60. Val. Max. iv, 18 ; Gell. vii, 19 ; Gaius iv, 146.

2. *Auctionari* se disait plutôt des ventes forcées et *auctionem facere*, des ventes libres.

3. G. Boissier, *Promenades archéologiques*, p. 301.

la *sectio* et permirent aux créanciers de saisir la masse des biens de leur débiteur et de la mettre en vente. Publius Rutilius entra, le premier, dans cette voie [1]. On donna alors à cette procédure le nom d'*emptio bonorum.* Celui qui offrait le plus haut prix était déclaré adjudicataire, sous le nom d'*emptor bonorum* et, de même que le *sector*, succédait *in universum* à l'exproprié, qu'on considérait comme mort civilement. L'*emptio bonorum* s'appliquait aux biens d'une personne morte insolvable [2].

Les biens du débiteur sont mis en vente : 1° toutes les fois qu'il se dérobe aux poursuites des créanciers, *qui fraudationis causa latitaverit;* 2° lorsqu'il ne laisse pas d'héritier, *cui heres non exstabit;* 3° quand il a été condamné à l'exil, *qui exilii causa solum verterit;* 4° s'il fait défaut et n'a personne qui veuille se charger de ses intérêts, *qui absens judicio non defensus sit;* 5° quand, après avoir reconnu sa dette, il n'aura rien trouvé à répondre, soit devant le magistrat, soit devant le juge, *qui judicatus confessus quive in jure nihil responderit, neque judicio uti oportet se defendit;*

---

1. Cic. *de Orat.* II, 69; Liv. xLV, 44; Gaius, IV, 35.
2. Gaius III, 78; Senec. *de Benef.* IV, 12.

6° s'il se marie, ou se fait adopter pour frustrer les créanciers, *qui quæve in adoptionem se dederunt aut in manum venerunt* ; 7° lorsqu'il ne se sera pas rendu à un ajournement, *qui vadimonio non steterit*[1]. Mais cette énumération n'est pas restrictive. Le créancier peut saisir toutes les fois que le débiteur n'est pas fidèle à ses engagements. D'autre part, le défaut seul, s'il ne s'y joignait l'absence constatée du débiteur, ne suffirait pas pour permettre la saisie et la mise en vente. Mais le défaut est une présomption de l'absence [2].

Le créancier qui avait à invoquer un motif légitime, se présentait au préteur et lui demandait de l'autoriser à posséder les biens de son debiteur *ex edicto*, d'après le droit prétorien. La possession

---

1. Le *Pro Quinctio* contient sur cette matière de précieux renseignements. V. les c. vi, xix, xxiii, xxvii, xxviii. Cf. Gaium, ii, 166 ; iii, 84. Leg. Galliæ cisalpinæ, c. 22.

2. V. Horace, *Sat*. I, 9, 36 et 37. Le fâcheux qui s'est attaché aux pas du poète, aime mieux perdre son procès que de le quitter :

Et casu tunc respondere vadato
Debebat, quod ni fecisset perdere litem.

Il devait se trouver avec son adversaire devant le magistrat, il lui a donné caution (*vadato*, dat. part. pas. act. de vadari, exiger caution *vas*. Comp. sat. I. 1, 11.) S'il ne repond pas au *vadimonium*, il perd son procès. La conclusion est exagérée. Mais il est évident que la position du plaideur devient mauvaise. Aussi l'adversaire prend-il Horace à témoin et entraîne-t-il le fâcheux devant le magistrat, afin de faire constater sa mauvaise foi.

durait trente jours [1]. Peut-être convient-il d'ajouter un délai égal, pendant lequel l'envoi en possession *missio in possessionem,* ne pouvait avoir lieu. En effet la *missio in possessionem* avait remplacé la procédure de la *manus injectio,* consacrée par les XII tables. A cette époque, on accordait au débiteur un délai de trente jours, avant de prendre des mesures de rigueur contre lui [2]. Par analogie, on peut décider que la *missio in possessionem* n'était ordonnée qu'après trente jours laissés au débiteur pour se procurer de l'argent [3].

Le temps pendant lequel devait durer la possession écoulé, sans que le débiteur eût satisfait ses créanciers, ceux-ci, sur l'ordre du préteur, se réunissaient et choisissaient l'un d'entre eux comme syndic, *magister emptionis,* pour poursuivre la vente. Jusque-là, les biens avaient été détenus par ceux des créanciers qui avaient obtenu l'envoi en possession, au nom de l'ensemble des créanciers. Les affiches annonçant les enchères

1. Si le débiteur est décédé, le délai est de moitié. — Si quidem vivi bona venerunt, jubet ea prætor per dies continuos triginta possideri et proscribi ; si vero mortui, per dies quindecim. Gaius, III, 79.

2. Æris confessi rebusque jure judicatis triginta dies justi sunto. III⁰ table.

3. Sic Ortolan, t. III, p. 114.

avaient été apposées au moment de la *missio in possessionem,* ainsi que l'indiquent les termes mêmes de l'édit : *possideri ac proscribi jubet prætor.* Les conditions de la vente étaient la *lex bonorum vendendorum* : on dirait aujourd'hui le cahier des charges. La *lex bonorum vendendorum* devait indiquer sans doute la mise à prix, le minimum demandé par les créanciers [1]. Ces conditions n'étaient arrêtées que dans les dix jours qui suivaient la nomination du syndic. Au bout de vingt jours, les enchères avaient lieu et les biens étaient adjugés, *addicebantur*, au plus offrant. L'acheteur, avons-nous dit, acquérait l'universalité des biens du débiteur et devenait son héritier. Il faut remarquer cependant qu'il n'y avait pas là propriété civile, *dominium ex jure quiritium;* l'emptor bonorum ne tenait son droit que du préteur et non de la loi, et l'on disait qu'il détenait les biens, qu'il avait achetés, parmi les siens propres *habebat in bonis* [2]. La vente était faite en présence d'un banquier, avec l'aide d'un crieur public ; mais l'adjudication était prononcée par le syndic [3].

1. V. la paraphrase de Théophile; contra Keller, *Sem.* p. 98.
2. Gaius, IV, 35.
3. Cic. *in Ver.* I, 54 et suiv.

Cicéron peint en ces termes l'humiliation du saisi : « huic nec perire quidem tacite obscureque conceditur, cui magistri fiunt et domini constituuntur qui qua lege et qua conditione pereat pronuntient [1]. » L'infamie commençait pour lui. L'infamie consistait principalement dans la perte du *jus honorum*, ou, tout au moins, c'était la déchéance la plus sensible. Quant au *jus suffragii*, il est probable que l'infâme ne pouvait l'exercer [2]. Dans l'ordre privé, l'infamie avait de graves conséquences : celui qui était frappé d'infamie ne pouvait être ni tuteur, ni mandataire, à l'effet de représenter une autre personne en justice, ni juge, etc [3]. Il y avait là, en somme, une diminution de la personne civile, *capitis diminutio*. Tout procès, où se trouvait compromise la juste considération attachée à un citoyen [4], paraissait avec

1. *Pro Quinct.* 15 ; Quintilien, IX, 3, 29.

2. C'est l'opinion de Savigny. Mais c'est la privation des honneurs qui frappe le plus les écrivains. Turpi judicio damnati in perpetuum omni honore ac dignitate carent. (Cic. *pro Cluent.* c. 42). Cf. Table d'Héraclée c. 8, édit. Giraud. — Manifeste damnant ignominia et capitis minutione arcentes rostris, curia, equite, cæterisque honoribus, dit Tertullien, *de spectaculis*, 22, à propos des comédiens que la loi frappe d'infamie. — Cf. l'ἀτιμία à Athènes.

3. Le Digeste a un titre spécial *de his qui notantur infamia*, où se trouve le texte de l'édit du préteur énumérant les cas d'infamie.

4. Existimatio vel dignitatis illæsæ status, legibus ac moribus comprobatus. *Dig.* L. 13, 5 ; ibid. L, 16, *de verb. sign.* § 16.

raison *capital* aux Romains [1]. Ceux qui encouraient l'infamie étaient désignés sous le nom de *notati* : allusion aux notes des censeurs [2].

L'*existimatio* était non seulement atteinte par l'*infamia*, mais encore par la *turpitudo* et par la *levis nota*. Les incapacités de droit attachées à la *turpitudo*, blâme infligé à tout genre de vie peu noble, étaient à peu près les mêmes que dans l'*infamia*. Les affranchis, les personnes qui vivent du théâtre, *qui artem ludicram faciunt*, étaient frappés de la *levis nota* [3], ce qui les rend incapables de se marier dans une famille sénatoriale, et d'être institués héritiers au préjudice des frères et sœurs du testateur [4]. L'infamie était parfois la conséquence d'une condamnation même civile.

1. Licet capitalis latine loquentibus omnis causa existimationis videatur, tamen appellatio capitalis mortis vel amissionis civitatis intelligenda est. — Ibid. — Cicéron dira que la cause de Q. Roscius est *pæne capitalis* (pro Q. Rosc. 6).

2. Censoria subscriptio, censoriæ tabulæ. — Hic prorsus cives sic notabant ut qui senator esset, curia ejiceretur, qui eques Romanus, equum publicum perderet, qui plebeius, in tabulas Cæritum referretur et ærarius fieret ac per hoc non in albo centuriæ suæ, sed ad hoc esset civis tantum ut pro capite suo tributi nomine æra penderet. — V. Ascon. *div. in Cæcil.* c. 3; Cf. Gell. IV, 12 et 20. Cicéron dit de la censure qu'elle était : *magistra pudoris et modestiæ. In Pis.* IV, 9.

3. L'estime dont jouissait Roscius, ferait douter qu'à l'époque de Cicéron, les acteurs fussent exposés à de semblables déchéances.

4. Code III, 28, 27, *Constit. de Constantin.*

Etaient notés d'infamie, par exemple, les tuteurs, les mandataires infidèles, les débiteurs de mauvaise foi. La mémoire des morts était exposée à l'infamie. Lorsqu'on devait mourir insolvable, on se hâtait d'instituer, héritier, un esclave, afin que la vente des biens se fît sous son nom et qu'aucune tache ne ternît la réputation du défunt et de sa famille.

Le débiteur qui, de son vivant, laissait vendre ses biens était donc dans une situation des plus tristes. Il assistait, dit Cicéron, en quelque sorte, à ses funérailles. La mort civile n'était pas complète cependant. Le débiteur n'était pas dépouillé de ses droits à des successions à venir, la *bonorum venditio* s'appliquait seulement au patrimoine actuel [1]. Mais il n'y avait là qu'une faveur bien illusoire si, comme nous l'apprend Gaius (ii, 155) la vente pouvait se renouveler jusqu'à entière satisfaction des créanciers. Dans ce cas, toutes les acquisitions faites par le débiteur devaient servir à le libérer. Le Digeste (xlii, 8, 25) repousse cette sévérité : *iniquum esset,* dit le texte, *actionem dari in eum cui bona ablata essent.* Il est probable que le préteur exerçait ici un pouvoir discrétion-

1. Cf. C. C. art. 25 et l. du 31 mai 1854.

naire : il appréciait si le débiteur avait fait assez pour s'acquitter.

On serait tenté de croire que l'infamie n'était encourue à perpétuité qu'après la *bonorum venditio,* puisque la possession des biens par les créanciers était une mesure conservatoire et que le débiteur avait toute faculté de s'acquitter jusqu'au moment de la vente. Cette opinion n'est pourtant pas admissible. Dès la *missio in possessionem,* l'*existimatio* est atteinte d'une manière définitive. — *Cujus bona ex edicto possidentur, hujus omnis fama et existimatio simul cum bonis possidetur,* dit Cicéron, (*Pro Quinct.* xv, 50), paroles confirmées par Gaius. Parmi les personnes suspectes, obligées de donner caution, ce jurisconsulte cite ceux dont les biens sont possédés et affichés *possessa proscriptave,* et non pas ceux dont les biens ont été vendus. Nous savons d'ailleurs que Quinctius se refusait à donner la caution *judicatum solvi,* parce qu'il ne voulait pas reconnaître que ses biens avaient été entre les mains de Névius, conformément au droit prétorien, et, par cet aveu, se condamner lui-même à l'infamie, *se ipsum capitis damnare.* Cicéron s'efforcera de prouver que la *missio in possessionem* eût été illégale, qu'elle n'a pas eu lieu et que par conséquent l'honneur de son client est encore intact[1].

Vers la fin de la République une loi Julia permit au débiteur insolvable d'échapper à l'infamie, en faisant à ses créanciers abandon de tous ses biens. Lorsqu'il s'agit d'une *clara persona,* d'un sénateur, par exemple, on substitua à la vente par universalité, qui était ignominieuse, la vente d'objets distincts : la *distractio bonorum* n'avait pas les effets désastreux de *l'emptio bonorum*; elle avait lieu par le ministère d'un curateur. Sous Justinien, il n'est plus question de vente en bloc, de succession du saisi, de mort civile ; chaque acheteur devient propriétaire des biens qu'il acquiert.

Le droit prétorien ne remplaça pas complètement le droit civil : il subsista quelque chose de la *manus injectio*. Le créancier pouvait obtenir du préteur l'autorisation d'emmener chez lui le débiteur et l'obliger à travailler pour lui[2]. Il est probable que le magistrat n'accordait la contrainte par corps que lorsque le débiteur n'avait absolu-

---

1. Gaius, III, 78, code II, 12 ; VII, 71 ; *Dig.* XXVII, 10 ; XLII, 3 ; Paul. *Sent.* I, 2, 1 ; Vat. J. R. fragm. 324; Senec. *de benef.* I, 16.

2. Cic. *pro Flacco*, XX, 48 ; Gell. XX, 1, 52, etc. Lex Galliæ cisalpinæ, 22.

ment rien et qu'il était de mauvaise foi. Cette procédure fut longtemps suivie. Zénon et Justinien croyaient encore devoir interdire, de leur temps, l'établissement de prisons privées, qui rappelaient les haines des plébéiens contre les patriciens [1].

1. Code xx, 5 ; 1, 4.

V

APPRÉCIATION DE LA CONDUITE DES PRÉTEURS
BURRIÉNUS ET DOLABELLA

Tant que ses biens n'avaient pas été vendus, le débiteur était admis à se défendre lui-même, ou par mandataire. Mais la *satisdatio judicatum solvi* était obligatoire pour le débiteur, ou son mandataire, dès que le créancier avait possédé pendant trente jours les biens saisis [1]. Névius invoquait une formule conçue en ces termes : *quod ab eo petat, cujus ex edicto prætoris bona dies triginta possessa sint, ejus rei nomine judicatum solvi sa-*

1. Defendere debitorem sicut, antequam bona ejus possiderentur, licet, ita post bonorum quoque possessionem ejus, sive ipse sui, sive alius defensionem ejus suscipiat, debet satisdare ; ut, satisdatione interposita, judicium accipiatur et a possessione discedatur. Ulpien, *Dig.* XLII, 5, 33 ; Gaius, III, 79 et IV, 102 ; Instit. IV, 11.

tisdare jubebo [1]. En vertu de la loi qu'il avait faite lui-même ou qu'il avait reçue de ses devanciers, le préteur devait enjoindre au débiteur ou à son mandataire de donner caution, si la possession avait été régulière. Les faits étant constants, la décision était forcée. Mais, dans l'espèce, Quinctius niait précisément qu'il y eût eu possession conforme au droit prétorien. En premier lieu, Burriénus avait eu tort d'accorder la *missio in possessionem*, puisque Quinctius ne faisait pas défaut et qu'il était représenté par Alfénus; ensuite, la *missio in possessionem* n'avait pas eu d'effet, Alfénus s'étant directement opposé à la saisie. Névius n'avait donc nullement possédé les biens de Quinctius et il n'y avait pas lieu de faire ici application du texte cité.

Quelle conduite devait tenir alors Cn. Dolabella ? Le préteur pouvait connaître lui-même de l'affaire, entendre des témoins, procéder à une enquête. Si les faits étaient difficiles à rétablir, et c'était le cas, des mois et des mois s'étant écoulés depuis le commencement des débats, il devait renvoyer les

1. Ces derniers mots : ejus rei nomine, etc. sont ajoutés au texte de Cicéron par Hotman, pour compléter la phrase, dont l'avocat, suivant l'usage, n'a cité que le début.

parties devant un juge qui aurait décidé si la possession avait été conforme à l'édit, ou irrégulière. Cette question préjudicielle tranchée, les plaideurs seraient revenus devant le magistrat, et il aurait pu alors statuer en connaissance de cause, sur la caution à fournir.

Il n'y avait pas, à l'époque de Cicéron, possibilité pour le préteur de soumettre à un juge cette question : les biens du débiteur ont-ils été légalement possédés par le créancier ? La formule, délivrée aux parties par le magistrat, n'aurait pas indiqué la somme à laquelle pouvait être condamné le défendeur; en d'autres termes, la *condemnatio,* une des parties les plus essentielles de la formule avec l'*intentio,* aurait été passée sous silence, ce qui ne devait pas être. Plus tard les préteurs renvoyaient l'examen de la question aux juges sous la forme d'une action *in factum.* En l'espèce, le juge avait seulement alors à éclaircir un fait; il n'y avait pas de jugement avec condamnation pécuniaire, mais un jugement *avant dire droit,* un *præjudicium.* La *formula præjudicialis* ne contenait pas de *condemnatio.*

Mais on ne connaissait pas, du temps de Cicéron, cette manière de procéder; on avait imaginé l'expédient suivant. Pour que la question de fait fût soumise au juge sous la forme d'une question de droit, pour rédiger une formule régulière, le préteur ordonnait aux parties de faire une *sponsio*, c'est-à-dire, de s'engager l'une envers l'autre à payer une somme d'argent déterminée à celle dont le dire serait reconnu vrai. C'était là une *sponsio præjudicialis*. La somme stipulée par les plaideurs était minime. Cela se conçoit aisément, puisqu'il n'y avait dans la *sponsio* qu'une simple formalité. Ordinairement même il n'y avait pas de *restipulatio :* le *promettant* après s'être lié envers le *stipulant*, n'exigeait pas de celui-ci un engagement semblable à celui qu'il avait pris. Enfin le gagnant ne demandait pas le paiement de cette somme insignifiante. La *sponsio præjudicialis* différait donc en cela de la *sponsio* ordinaire avec indication d'une somme à payer à titre de peine, ou *sponsio pœnalis*. En condamnant l'un des plaideurs à payer à l'autre la somme stipulée, le juge tranchait la question de fait. Tels étaient les moyens qu'inventait l'esprit subtil des Romains, à une époque de transition, où le nouveau droit se dégageait péniblement de la vieille législation.

La *sponsio* pouvait avoir lieu de deux manières. Dans notre procès, Névius promet, Quinctius stipule; Névius est défendeur; Quinctius, demandeur, devra faire la preuve des faits allégués par lui. Les rôles eussent pu être intervertis. Etait-il dans les attributions du préteur de forcer l'une des parties à stipuler et l'autre à promettre, et réciproquement? Quel parti devait prendre le magistrat, lorsque les plaideurs se refusaient tous deux à être stipulant, c'est-à-dire, demandeur [1]? Dolabella avait eu raison, puisque les faits étaient obscurs et qu'une enquête était nécessaire, de renvoyer l'examen de la question à un juge moins chargé que lui. Mais n'avait-il pas dépassé les bornes de son pouvoir, en mettant Quinctius dans l'alternative d'être demandeur, ou de se voir retirer la faculté de plaider?

Si nous réfléchissons qu'il est naturel que ce soit au créancier d'établir la dette, le préteur au-

---

1. Sur les formes de la *sponsio* v. Virgile, *Egl.* iii, 28; Théocrite, *Idylle* viii; Homère, *Iliade*, xviii, 509; Varron et Festus au mot *sacramentum* (Comp. le mot προτανεῖα); Cic. *In Verr.* i, 45; iii, 57, 59, 62; v, 54; *in Pison.* 23; *ad fam.* vii, 21; *de off.* iii, 19; *ad Herenn.* iv, 23 — Liv. xxxix, 43; xl, 46, etc; Val. Max. ii, 8, 2; vi, 1, 10 et 5, 4; *Gell.* vii, 11 et xiv, 2. — Lex Galliæ Cisalpinæ, 20; Gaius, iv, 93-94 et 165; Plaute, *Rudens,* iii, 4, 7; et v, 3, 25 — Comp. Cic. *pro Cæc.* passim.

rait dû obliger plutôt Névius à stipuler, Névius qui prétend que Quinctius est son débiteur, Névius dont ni la fortune, ni l'honneur ne sont en jeu. Si on ne peut reprocher à Dolabella d'avoir suivi la procédure *per sponsionem*, on doit critiquer la manière dont il a réglé la *sponsio;* les plaintes que fait entendre Cicéron, au nom de son client, nous paraissent légitimes. Mais, a-t-on dit, Dolabella trouvait dans le commencement de possession par Névius, dans le précédent décret de Burriénus, des présomptions graves contre Quinctius. Celui-ci était, à ses yeux, débiteur et débiteur malhonnête, cherchant à se dérober aux poursuites de son créancier. Si ce sont là les motifs de la conduite de Dolabella, elle n'en est que plus blâmable. En effet, il a préjugé les faits; dès lors à quoi bon l'enquête? Le préteur n'avait qu'à déclarer la possession régulière, obliger Quinctius à donner caution et renvoyer, pour être jugée au principal, l'affaire devant le juge.

D'ailleurs pourquoi voudrait-on voir, dans le décret de Burriénus et dans le semblant de possession de Névius, un argument contre Quinctius? Sur ce point, comme sur beaucoup d'autres, la cause était obscure. La décision de Burriénus n'avait pas de valeur. Alfénus, en effet, s'était opposé à l'envoi en possession, en se déclarant le représentant de Quinctius. Le décret du préteur était donc annulé, puisque le motif, pour lequel il avait été rendu, n'existait même pas et que Quinctius ne faisait pas défaut. La légèreté de Burriénus, plus coupable que celle de Dolabella, ne peut pas être une excuse pour celui-ci. Nous jugerons, en effet, Burriénus d'une manière sévère. Lorsque Névius demandait à saisir les biens de Quinctius, le préteur devait-il accorder, sans examen, l'autorisation? Etait-ce là un de ces actes que les préteurs accomplissaient *de plano, non causa cognita pro tribunali*[1]? En supposant que l'envoi en possession n'eût pas eu les graves suites que nous connaissons, Burriénus pouvait accueillir la demande de Névius, après avoir cependant constaté que l'absence de Quinctius était condamnable, qu'il faisait réellement défaut et qu'on ne cherchait pas à profiter contre lui d'une surprise.

Mais, d'abord, pouvait-on faire rentrer la *missio in possessionem* dans la catégorie des décisions du préteur *quæ de plano fiunt atque ex ordine magis jurisque celebrandi gratia, quam ob dirimen-*

1. Gaius, I, 20.

dam controversiam, mots que Keller (*sem.* p. 84) commente élégamment, *id est, rite, prætore sciente ac moderante?* Cela semble impossible quand on songe que cette mesure entraînait l'infamie pour le débiteur saisi. Nous n'hésitons pas à le dire : la *missio in possessionem* ne pouvait être accordée que *causa cognita*. Sans cela, il eût été trop commode d'agir comme Névius, de faire attester par des amis complaisants l'absence de son adversaire, de s'en prétendre le créancier, d'obtenir de posséder ses biens et de les vendre, et de le déshonorer ainsi à tout jamais. Le préteur devait user de son pouvoir discrétionnaire. L'absence était-elle bien établie, les témoignages suffisants, la mauvaise foi du débiteur évidente, la *missio in possessionem* était accordée sans délai ; ces éléments de certitude faisaient-ils défaut, elle devait être refusée. Dans l'espèce, rien ne donnait à penser que Quinctius était un débiteur malhonnête et rien n'autorisait une extrême rigueur.

VI

DE LA REPRÉSENTATION. — COGNITOR ET PROCURATOR.
— SATISDATIO JUDICATUM SOLVI.

Malgré la faveur, l'indulgence des préteurs,
Névius n'était pas parvenu à ses fins. Aussitôt
qu'il avait mis la main sur ce qui était la propriété
de Quinctius, sous prétexte qu'il n'avait pas laissé
de représentant, Alfénus s'était levé prêt à prendre les intérêts de l'absent. Le décret de Burriénus n'avait plus aucune raison. C'est ce que reconnaît Névius lui-même, en acceptant la discussion avec Alfénus. Mais il exigeait de lui la
satisdatio judicatum solvi. C'était une nouvelle
difficulté.

Dans le principe, la loi romaine n'admet pas

la représentation d'une personne par une autre [1]. Il y avait toutefois deux exceptions : 1° lorsqu'il s'agissait d'un intérêt public, 2° quand l'état civil d'une personne était contesté. Dans les *causes publiques*, tout citoyen peut être accusateur, exercer le ministère public, *agere pro populo*. De même tout citoyen peut être *adsertor in libertatem, libertatis vindex*, c'est-à-dire, se constituer le défenseur d'un autre citoyen qui serait injustement traité comme un esclave.

On ne tarda pas à admettre la représentation d'une façon générale. La personne qui, devant la justice comparaissait pour une autre, s'appelait tantôt *cognitor*, tantôt *procurator*. Le *cognitor* était établi avec des paroles solennelles par l'une des parties, en présence de l'autre et pour une affaire particulière. Le *procurator*, au contraire, était constitué, sans forme obligée, même à l'insu de l'adversaire. Il n'était pas indispensable, pour représenter à ce titre une autre personne d'en avoir reçu un mandat exprès ; il suffisait qu'on se fût chargé de bonne foi, par complaisance, de l'affaire d'autrui et qu'on eût fourni à la partie adverse

---

1. V. Keller, *pr. civ.*; p. 233-248. Cf. Cic. *ad Herenn.* ii, 13, 20; *Pro Rosc. com.* 18; Gaius, iv, 82 et suiv. Instit. iii, 26.

une caution destinée à la garantir contre toute prétention ultérieure de la partie représentée : *satisdatio amplius eo nomine neminem petiturum,* ou, *satisdatio ratam rem dominum habiturum*[1].

Le *cognitor* représentait complètement la partie qui l'avait choisi et nommé, *merito domini loco habetur*. Ce qui est jugé au profit de celui-ci, est jugé au profit de la partie représentée, *dominus,* et réciproquement le mandant est responsable des condamnations encourues par le mandataire. Le *cognitor* n'a donc pas de caution à fournir et, dans les cas où cette garantie est nécessaire, la caution est fournie par le mandant lui-même[2].

Il n'en était pas de même du *procurator*; aussi était-il personnellement obligé de donner caution.

Alfénus était le *procurator,* et non le *cognitor* de Quinctius et cependant il se refusait à fournir la caution *judicatum solvi*. Il était, disait-il, injuste de le contraindre à donner caution, alors que Quinctius, s'il était présent, ne serait pas forcé de se soumettre à cette formalité. En d'autres termes, Alfénus posait le principe que le représentant

1. Cic. *ad Att.* I, 8 et *ad famil.* XIII, 28.
2. Cic. *pro. Rosc. com.* IX, 32 ; Gaius, IV, 97, 98. — fragm. vat. § 317; Paul. *Sent.* I, 11, Instit. IV, 12, *de satisdationibus.*

ne saurait être obligé à plus que le représenté.

Cette prétention du procureur semble tout d'abord contraire aux règles que nous venons de rappeler. *Nemo alienæ rei sine satisdatione idoneus defensor intelligitur*, dit formellement Gaius[1]. Paul n'est pas moins affirmatif, *voluntarius procurator qui se alienis negotiis offert, rem ratam dominum habiturum cavere debet; si satis non det procurator absentis actio ei absentis nomine non datur*[2]. Névius est donc bien fondé à dire à Alfénus : « il ne s'agit pas de savoir si Quinctius donnerait, ou non, caution ; vous êtes procureur ; soumettez-vous aux obligations des procureurs. » Cette opinion est défendue par Keller, Zimmern et Bethman-Holweg.

Hotman propose une explication intéressante. Névius aurait demandé à bon droit, qu'Alfénus fournît, *en son nom*, la caution ordinaire, mais il avait tort d'exiger cette caution, *au nom de Quinctius : ut Quinctii nomine Alfenus satisdaret Quinctium judicatum soluturum esse*. Alfénus, de son

---

1. Gaius, IV, 101 ; Cic. *pro. Rosc. com.* 18 ; *in. Verr.* II, 24, 60.

2. Paul. *sentent.* 1, 3, 5 ; Cf. consult. vet. j. c. t. i. c. 3 § 6. Ulpien énumère ainsi les garanties de la caution *judicatum solvi* : judicatum solvi stipulatio tres clausulas in unam collatas habet : de re judicata, de re defendenda, de dolo malo. Dig. XLVI, 7, 6.

côté, faisait bien de ne pas accéder à la demande de Névius puisque, en donnant caution, *au nom de Quinctius,* il reconnaissait que les biens de celui-ci avaient été légalement possédés par Névius, aveu que Quinctius ne voulait et ne pouvait pas faire. C'était donc trahir les intérêts de Quinctius que de fournir, en son nom, *satisdatio judicatum solvi.* Mais Alfénus ne devait pas refuser *personnellement* cette garantie à Névius.

La distinction est ingénieuse, mais elle n'est point autorisée par le texte de Cicéron [1].

Quel intérêt avait Alfénus à ne pas donner lui-même la *satisdatio,* s'il était sûr que Quinctius l'indemniserait? Eh! quoi! Alfénus se déclare prêt à prendre la défense de Quinctius; puis, il recule devant une formalité qui lui permettra seule de remplir une mission, dont il s'est volontairement chargé! La rapidité avec laquelle Cicéron passe sur cet incident, a fait croire à plusieurs commentateurs qu'Alfénus avait soulevé une mauvaise querelle. Cette conclusion est trop prompte. Rappelons-nous, en effet, que la question fut portée devant les tribuns et que l'embarras de ceux-ci fut

1. *Pro Quinct.* VII, 29.

extrême. Nous admettrons alors que le cas d'Alfénus était au moins sujet à controverse.

Rau, dans son commentaire sur le *pro Quinctio*,
p. 51, émet une opinion, qui pourrait être la vraie.
Il faut, dit-il, distinguer entre le *procurator* ordinaire, qui oblige occasionnellement, *semel*, une autre personne et le *procurator* qui représente le
mandant, *dominus*, d'une façon générale et dont
Cicéron donne la définition suivante : *is qui legitime procurator dicitur, omnium rerum ejus qui in
Italia non sit absitve reipublicæ causa, quasi quidam pæne dominus, hoc est, alieni juris vicarius* [1].
Ce mandataire général n'aurait pas eu de caution
à fournir, si ce n'est dans les cas où le mandant
lui-même aurait été astreint à cette formalité. Ulpien, au Digeste, *de Procuratoribus*, distingue le
procurator omnium rerum et le *procurator unius
rei* ; mais il n'indique point la différence qu'a
voulu voir notre commentateur. Cependant l'opinion de Rau nous paraît probable.

Le mandataire général devait être une personne
connue, désignée longtemps à l'avance, qui prenait
en tout la place de l'absent. Il était parfois difficile de reconnaître à quelle sorte de mandataire

1. *Pro Cæc.* xx, 57.

on avait affaire, ni l'un ni l'autre n'étant nommé officiellement en présence des deux parties. Alfénus pouvait donc avoir raison ; mais, en tout cas, Quinctius aurait dû faire suffisamment annoncer qu'il laissait un *procurator omnium rerum*. Le préteur donna cependant tort à Alfénus et l'affaire fut portée devant les tribuns.

VII

APPEL AUX TRIBUNS [1].

Tout citoyen qui se prétendait lésé par un décret, par un ordre, par un acte d'un magistrat, pouvait faire appel d'abord aux collègues de ce magistrat, ou bien, aux magistrats d'un ordre supérieur ou égal, ou bien encore aux tribuns : *appellatio collegarum paris majorisve potestatis, provocatio ad tribunos, intercessio et auxilii latio.* Dans les commencements de Rome, le peuple juge en dernier ressort ; Horace défère le jugement des duumvirs aux Romains assemblés [2]. Ce pouvoir souverain des comices s'exerça longtemps dans

---

1. Keller, *sem.* p. 139-169 et *pr. civ.* 385-393 ; César. *de bel. civil.* iii, 20. — Lex Rubria, c. 20. Lex Thoria, c. 17.
2. Liv. i, 26.

les causes criminelles. Cicéron défendit ainsi, en appel, devant le peuple assemblé par centuries C. Rabirius, accusé de violences publiques, déjà condamné par les duumvirs pour crime de perduellion ou de lèse-majesté [1]. Le pouvoir judiciaire ne se distinguait pas du pouvoir législatif; cette confusion se comprend. C'était à ceux qui avaient le pouvoir de faire la loi, à décider si l'un des membres de l'assemblée souveraine pouvait en être retranché.

Quand les tribuns furent créés pour être les défenseurs de la plèbe, une partie de la puissance populaire leur fut dévolue. L'expression de *provocare* pour désigner l'appel au peuple, fut conservée comme indiquant le recours à un pouvoir supérieur à tous les autres. Choisis dans la plèbe, magistrats de la plèbe, les tribuns étaient élus dans l'assemblée des tribus, assemblée de la plèbe [2]. D'abord au nombre de deux, les tribuns furent directement opposés aux consuls, comme, à Lacédémone, les éphores aux rois. On créa de nouveaux tribuns dans la suite et l'on en compta bientôt dix. Un moment, ils furent supprimés; la mission des

<hr>

1. *Pro C. Rab.* c. 4.

2. Liv. II, 33, 55 et 56; III, 64 et 65; XXVIII, 21; XXX, 19. Cf. Paul Dupont, *Magistratures Romaines*, p. 267-269.

décemvirs terminée, on se hâta de les rétablir [1].
Tous les magistrats, à l'exception du dictateur,
avaient à redouter l'opposition des tribuns. Une
loi interdit de créer aucune magistrature sans appel ; celui qui ferait une proposition contraire,
ajoutait le texte, pourrait impunément être mis à
mort [2]. Sylla voulut restreindre le droit de veto ;
Pompée rendit toutes ses prérogatives à la puissance tribunicienne. Cicéron félicitait Sylla d'avoir
enlevé aux défenseurs de la plèbe le pouvoir de
nuire et de ne leur avoir laissé que la faculté de
porter secours aux faibles. Il rejetait les tribuns
hors de la politique et bornait leur rôle à celui
de juges en dernier ressort. La puissance tribunicienne avec ses attributions souveraines était
odieuse à Cicéron, il se rappelait seulement les
abus qu'en avaient faits des hommes malhonnêtes
et violents.

Au moyen de l'appel aux tribuns on arrivait
plutôt à la cassation qu'à la réformation de la décision attaquée. Le veto du magistrat intervenant
empêchait l'exécution du décret et arrêtait le cours

1. Liv. III, 3o; II, 18 et 29; II, 55; IV, 13 ; VIII, 33.
2. César, *de bel. civ.* I, 5 ; Cic. *de leg.* III, 8-10; *in Verr.* I, 6o,
155.

de la procédure [1]. L'appel devait être examiné dans un délai de trois jours [2]. Il ne pouvait pas se renouveler. Les tribuns avaient le pouvoir de faire saisir ceux qui résistaient à leurs ordres; mais ils ne pouvaient pas les citer devant eux. Ils avaient la *prehensio,* mais non la *vocatio.* Ce recours d'un caractère tout exceptionnel n'existait qu'à Rome; il n'avait pas d'analogue dans les provinces. Si nous en croyons Aulu-Gelle, les tribuns ne pouvaient exercer leur puissance que là où ils étaient présents; aussi leur était-il défendu de s'absenter de Rome, même la nuit [3].

Les appels aux tribuns étaient très fréquents [4]. L'un des exemples les plus remarquables nous est rapporté par Aulu-Gelle. Le tribun C. Minucius Augurinus avait frappé d'une amende L. Scipion, l'Asiatique, frère du premier Africain; il le menaçait de le faire emprisonner, s'il ne fournissait pas des cautions. L'Africain en appela au collège tout entier des tribuns. Huit se rangèrent à l'avis de

---

1. Quinctius, tribunus plebis, pro potestate, judicium dimitti jussit. *Pro Cluent.* XXVII, 74.

2. Lex Salpensana, c. 27.

3. Cic. *in Vatin.* XIV, 33; Gell. XIII, 12; Plin. *Epist.* I, 27. Liv. III, 30; Cic. *in Verr.* II, 12, 30; *ad Quinct. fr.* I, 1, 7, 22.

4. Liv. III, 56, 57, etc, Val. Max. VI, 1, 10 et 5, 4, etc. Gell. VI ou VII, 19; Liv. XXXVIII, 58 et 60.

leur collègue. T. Sempronius Gracchus, ennemi personnel de l'Asiatique, déclara qu'il était indigne de la République de jeter le triomphateur là où on avait conduit les vaincus et il opposa son veto : *a collegæ vi prohibuit Asiaticum.* Cette intervention paralysa le pouvoir des neuf autres tribuns [1].

Les tribuns annulaient purement et simplement la décision incriminée. Mais ils se refusaient à modifier les formules délivrées par le préteur. En vain Fabius, adversaire de Tullius, voulut-il faire insérer le mot, *injuria,* dans le décret du magistrat; il n'obtint rien des tribuns [2].

Plusieurs auteurs ont pensé que les décisions définitives pouvaient seules être infirmées par la voie de l'appel, mais que les mesures d'exécution,

1. Comp. Liv. ii, 44; iv, 48; vi, 35, etc.

Sous les empereurs, les voies de recours se multiplièrent, le chef de l'état jugeant tout en dernier ressort. Le soin des appels était remis, pour Rome, au préfet de la ville et, pour chaque province, à un consulaire demeurant à Rome. L'usage s'établit d'appeler de la décision d'un juge au magistrat qui l'avait institué. L'appel avait un effet suspensif. Il devait être fait dans les trois jours, soit par déclaration à haute voix constatée *apud acta,* soit par écrit, *per libellos appellatorios.* L'appelant se faisait délivrer, dans les cinq jours, par le juge qui avait rendu le jugement, des lettres de renvoi au juge supérieur, *apostoli, litteræ dimissoriales, libelli dimissorii,* ou, s'il y avait lieu, constatait son refus, *vel id ipsum contestatur.* Telles étaient les règles de l'appel dans la législation justinienne.

2. Cic. *pro Tullio,* xvi, 38; *Academ.* ii, 30, 99.

prises en conformité de l'édit, n'étaient pas réformables [1]. Nous ne le croyons pas. Toutes les fois qu'il y avait excès de pouvoir, le recours était ouvert; la puissance tribunicienne était indéfinie. « Le tribun, dit M. Fustel de Coulanges, était un autel vivant, auquel s'attachait un droit d'asile [2]. » Il faut donc admettre que cette protection s'étendait à tous les cas où il y avait eu abus, sans que la loi eût nettement déterminé ces cas. Cette magistrature, qui n'a pas d'analogue dans nos institutions modernes, était d'autant plus forte qu'elle n'était pas renfermée dans des limites positives.

C'est à la puissance souveraine des tribuns que s'adresse Alfénus pour obtenir la réformation de la décision du préteur qui l'oblige à donner la caution *judicatum solvi*. Keller, adoptant les arguments d'Hortensius, le défenseur de Névius [3], estime qu'Alfénus n'avait cherché qu'à retarder, qu'à entraver la justice : *moræ, non auxilii, causa.* Il n'y avait eu ni violences, ni excès de pouvoir; le recours aux tribuns était sans utilité. Si Alfénus ne voulait pas se soumettre à la condition

1. Sic Keller; contra Bethmann-Hollweg.
2. Cité antique, p. 353-358.
3. *Pro Quinctio*, VII, 29 et XX, 65.

7

sine qua non, qui lui était légalement imposée pour prendre en mains la défense de Quinctius, il n'avait qu'à se retirer et à laisser la place à une autre personne décidée à fournir caution, comme tous les procureurs en général.

Ce raisonnement ne peut se soutenir que si on n'admet pas de distinction entre le *procurator unius rei* et le *procurator omnium rerum*.

Quant à dire qu'Alfénus fit peut-être appel au nom de Quinctius, cela ne serait possible que dans le cas où Névius aurait exigé une caution au nom de Quinctius, hypothèse qui, nous l'avons vu, n'a aucune base sérieuse. D'ailleurs les tribuns auraient rejeté, sans examen, la demande d'Alfénus, puisqu'ils ne pouvaient s'occuper des absents [1]. C'est donc, en son privé nom, qu'Alfénus fit appel.

Il faut conclure que la question de savoir si le mandataire général devait donner caution, était, à cette époque, très discutable. Sans cela on n'expliquerait ni le refus d'Alfénus, ni l'appel aux tribuns, ni surtout l'hésitation de ces magistrats à se prononcer. Non seulement Alfénus voulait

---

1. Tribuni plebis antiquitus creati videntur non juri dicundo, nec causis querelisque de absentibus noscendis, sed intercessionibus faciendis quibus præsentes fuissent. Gell. XIII, 12.

donner à Quinctius le temps d'arriver, mais encore ses prétentions devaient avoir quelque fon-
dement, puisque les tribuns ne tranchèrent pas
la question, que Névius recula et qu'il attendit le
retour de son adversaire.

Ce n'était là qu'un incident, peu important pour
le fond même du procès, mais qui nous intéresse
aujourd'hui. Il faut réunir les deux passages, où
il y est fait allusion. — *Appellantur tribuni: a
quibus quum esset certum auxilium petitum, ita
tum disceditur ut idibus septembribus P. Quinctium
sisti Sext. Alfenus promitteret. — At enim tribuni
plebis ne audierunt quidem. Fateor, si ita est, procuratorem decreto prætoris oportuisse parere.
Quid, si M. Brutus intercessurum se dixit palam,
nisi quid inter ipsum Alfenum et Nævium conveniret, videturne intercessisse appellatio tribuno-
rum non moræ, sed auxilii causa?* — Alfénus
avait réclamé des tribuns un secours certain;
pendant qu'on examinait sa requête, il intervint
un accord et les deux parties décidèrent qu'on
attendrait Quinctius jusqu'aux ides de septembre.
Les tribuns ne se prononcèrent donc pas; mais
l'un d'eux déclara que, si un compromis n'avait pas
eu lieu entre Alfénus et Névius, il aurait opposé

son veto au décret de Burriénus. — Telles sont les paroles de Cicéron. La question reste obscure; n'essayons pas de nous montrer meilleurs jurisconsultes que les préteurs et les tribuns de Rome.

Nous voyons, par la discussion qui précède, combien il est difficile de bien apprécier la manière d'agir de Burriénus et de Dolabella. En somme, les préteurs s'étaient montrés durs envers Quinctius. Cicéron n'insiste pas, mais il sait, en rappelant ces faits, en tirer un excellent parti pour son client. On a voulu, dans la modération de l'avocat, trouver la preuve de son habileté; on veut y reconnaître l'application d'une règle posée par Cicéron, de reléguer au second plan, ce qui ne peut briller au premier [1]. Nous nous contenterons de remarquer que puisque Quinctius a opté pour la *sponsio* et que tous les regrets eussent été superflus, son défenseur a raison de ne pas s'arrêter trop longtemps sur des circonstances antérieures et secondaires. Nous pouvons regretter que Cicéron ne nous ait pas donné plus de ren-

---

1. Mea autem ratio hæc esse dicendo solet, ut, boni quod habeat, id amplectar, exornem, exaggerem, ibi commorer, ibi habitem, ibi hæream; a malo autem vitioque causæ ita recedam non ut id me defugere appareat, sed ut totum bono illo ornando et augendo dissimulatum obruatur. *de Orat.* II, 72, 121. Comp. Horace, *Art. poet.* 150.

seignements sur ces questions, mais il y a mauvaise grâce à ne pas louer le tact, la mesure de l'orateur. Rappeler brièvement la sévérité des magistrats envers Quinctius, la position difficile où il se trouve placé, accepter franchement le débat dans cette situation nouvelle et essayer encore de gagner sa cause, c'était tout ce que Cicéron avait à faire. A nous de déplorer l'absence de documents destinés à satisfaire notre curiosité, à nous aussi de ne pas oublier le devoir de l'avocat et la nature du procès.

VIII

DURÉE DE LA PLAIDOIRIE.

Après s'être plaint de Burriénus et de Dolabella, après avoir montré les ennemis de Quinctius acharnés à sa perte, pesant sur les actes des
magistrats, Cicéron reproche encore à ses con-
tradicteurs d'avoir essayé de contraindre Aquilius
à fixer, devant le préteur, le temps que durerait
la plaidoirie de l'avocat de Quinctius. Mais le
juge ne se laissa pas intimider, repoussa l'ingé-
rence du préteur, conserva entier son droit à di-
riger les débats. Le juge revendiquait pour lui
seul la police de l'audience [1]. Résumons les règles
à suivre en cette matière.

1. Illud etiam restiterat, quod hesterno die fecerunt, ut te in jus

D'après la loi des xii tables, les deux adversaires étant présents, l'exposé de la cause doit être terminé avant midi. L'une des parties fait-elle défaut, passé midi, celle qui s'est présentée, a gain de cause. Gaius explique ce qu'il faut entendre par exposé de la cause, formalité qui doit s'accomplir avant midi : *antequam causam perorarent apud judicem, solebant breviter ei et quasi per indicem rem exponere; quæ dicebatur causæ conjectio, quasi causæ suæ in breve coactio* [1]. L'exposé contenait la relation des faits et l'indication des principaux arguments que chaque partie se proposait de faire valoir. Les débats pouvaient ensuite se prolonger jusqu'au soir. *Ante meridiem causam conjiciunt, cum perorant ambo præsentes. Post meridiem, præsenti litem addicito. Si ambo præsentes, sol occasus suprema tempestas esto* [2]. Le juge appréciait le temps employé par les avocats, arrêtait celui qui était trop long et tâchait d'accorder un nombre d'heures égal à chaque partie.

educerent, ut nobis tempus quamdiu diceremus præstitueres : quam rem facile a prætore impetrassent, nisi tu quod esset tuum jus et officium potestatemque docuisses. *Pro Quinct.* ix, 33; xxii, 71.

1. Gaius, iv, 15.

2. Cic. *in Vat.* xv, 49.

A l'époque de Cicéron c'est encore le juge qui règle la longueur des plaidoiries, *qui præstituit horas*. Il fallait de la patience et du tact. Trop souvent les avocats abusaient de la complaisance des juges. Quelques-uns, afin de faire remettre la cause, de gagner du temps, les jours néfastes étant très nombreux, parlaient pendant toute l'audience et empêchaient ainsi leur adversaire de se faire entendre. Etaient-ils épuisés, ils appelaient à leur aide un confrère, un *morator*: ce mot est significatif. Hortensius se plaignait que le premier avocat de Quinctius avait été trop long. Il demandait à Cicéron de ne pas recommencer le même jeu et pressait Aquilius de lui mesurer le temps. Cicéron promet d'être court, *brevitas mihimet ipsi amicissima est*, mais il fait remarquer la pression qu'on exerce sur le juge.

Le procès devait être plaidé et jugé dans la journée . Lorsque l'avocat demandeur avait rempli presque toute l'audience par son discours et que l'avocat défendeur avait pu à peine dire quelques mots, force était au juge de remettre l'affaire à un autre jour. Après avoir consulté son conseil, il déclarait qu'il n'était pas suffisamment éclairé, *rem sibi non liquere,* levait l'audience, *diem diffindebat,* et la renvoyait à une date ultérieure pour plus ample informé, *ampliatio.* L'usage de ne pas se prononcer le jour même se généralisa. L'*ampliatio* était une seconde *actio,* c'est-à-dire que le procès était plaidé à nouveau. La seconde action avait lieu devant le même juge que la première, après un délai de plusieurs jours ordinairement ; on pouvait entendre de nouveaux témoins et de nouveaux orateurs [1]. Le procès intenté par Scipion Emilien à Cotta fut plaidé huit fois : *septies ampliata et ad ultimum octavo iudicio absoluta est* [2]. L'*ampliatio* était facultative pour le juge ; elle pouvait être renouvelée plusieurs fois. La *comperendinatio* [3], au

1. Cic. *Brut.* XXII, 86 ; *pro Cæc.* II, 6 ; XXIII, 97 ; Gell. XIV, 2, 1 et 11, au mot *diffissio.*

2. Val.-Max. VIII, 1, 11.

3. La *comperendinatio* était une mesure en faveur de l'accusé, ordonnée par la loi, comme par exemple dans les procès de concussion, par la loi Servilia *de pecuniis repetundis,* de 653. L'origine de la *comperendinatio* se trouve dans l'usage où étaient les parties, lorsque les actions de la loi étaient en vigueur, de s'ajourner au troisième jour, après avoir reçu un juge du préteur. *Postea tamen quod judex datus est, comperendinum diem, ut ad judicem venirent, denuntiabant.* (Gaius, IV, 15 et suiv.) La loi Servilia, tout en conservant le renvoi au troisième jour, était plus sévère que la loi Acilia, portée par le tribun Manius Acilius Glabrio. En effet celle-ci permettait l'*ampliatio.* La loi Servilia, en n'accordant qu'une seule remise à un intervalle très rapproché, avait

contraire, ou renvoi après un jour franc d'intervalle, était obligatoire et unique. Lors de la *comperendinatio*, l'accusateur parlait le second. Il semble naturel que, dans les procès civils, pendant la seconde action, l'avocat défendeur eût le premier la parole. S'il en eût été autrement, l'avocat demandeur aurait pu, à une seconde, à une troisième audience, indéfiniment renouveler l'abus qui consistait à garder tout le temps la parole pour empêcher l'adversaire de parler. Au contraire, dans l'hypothèse où la parole pouvait être donnée d'abord à l'avocat défendeur, dans la seconde action, l'orateur qui avait eu le moins de temps, dans la première, avait le moyen de répondre à son adversaire. Mais le nom d'*action*, qui indique une procédure complète, la plaidoirie de deux avocats, l'audition de témoins, une décision, ne permet pas de faire cette supposition. Puisque le procès était plaidé une seconde fois, comme s'il ne l'avait pas été, le juge ne pouvait pas intervertir le tour de parole ; le demandeur devait parler le premier. Le juge n'avait d'autre ressource que la multiplication des *ampliatio* ; il pouvait apprécier

eu pour but de hâter la condamnation du concussionnaire. V. Sigonius, *de judiciis* II, 27 ; Hotman, *Observat.* I, 14.

l'intention de l'avocat demandeur et lui retirer la parole.

Dans les procès criminels, le temps laissé au défenseur était, en quelque sorte, fixé par l'accusateur, en ce sens que la durée de chaque discours devait être égale. Lorsque le procès de C. Rabirius fut jugé en appel dans les comices par centuries, l'accusateur, le tribun Labiénus, ne laissa à Cicéron, alors consul, qu'une demi-heure pour présenter la défense [1].

Le plus souvent dans la première action, pour éviter l'ennui de parler deux fois sur le même sujet, les orateurs étaient très courts. C'était d'ailleurs un moyen d'accabler l'accusé; on ne lui révélait qu'une partie des griefs élevés contre lui. Cicéron fit, comme Labiénus, il abrégea son réquisitoire contre Verrès, se borna à l'exposé de faits généraux et de cette manière déjoua les calculs de l'accusé. Celui-ci espérait que l'accusateur serait très long, qu'il pourrait lui répondre librement

---

1. Nunc quoniam, T. Labiene, diligentiæ meæ temporis angustiis obtitisti meque ex comparato et constituto spatio defensionis in semi-horæ curriculum coegisti, parebitur, et, quod iniquissimum est, accusatoris conditioni, et quod miserrimum, inimici potestati. Quanquam in hac præscriptione semihoræ patroni partes mihi reliquisti, consulis ademisti ; propterea quod ad defendendum propemodum satis erit, hoc mihi temporis ad conquerendum parum. — *Pro Rabirio*, c. 2.

et que le jugement serait indéfiniment remis [1].
Hortensius reprocha, avec assez de raison, d'ailleurs, sa manière d'agir à Cicéron. L'avocat de Verrès disait que l'accusateur accablait l'accusé par son silence : *opprimi reum de quo nihil dicat accusator.* Verrès, en effet, perdait le bénéfice de la *comperendinatio;* il ne pouvait pas préparer sa défense, ou plutôt prolonger les débats autant qu'il aurait voulu, afin d'échapper au châtiment. Cicéron se contenta de produire des témoins, de forcer Hortensius à les interroger, sacrifiant le désir qu'il avait de déployer les richesses de son éloquence, aux nécessités d'une prompte justice [2].

Les procès ne se terminaient pas, d'ordinaire, avec cette rapidité [3]. Dans les causes publiques, il fallait entendre l'accusateur et ceux qui se joi-

---

1. « Hic tu fortasse eris diligens, disait avec ironie Cicéron, ne quam ego horam de meis legitimis horis remittam, nisi omni tempore quod mihi lege concessum est, abusus ero, quererc ; deum atque hominum fidem implorabis, circumveniri C. Verrem, quod accusator nolit tam diu, quam diu liceat, dicere... » *In Verr. act.* II, 1, c. 9.

2. Quand Verrès se fut condamné lui-même à l'exil, Cicéron reprit son accusation et donna un libre cours à son génie. Le plus souvent, au lieu de développer sa pensée, lorsqu'il écrivait ses plaidoyers, Cicéron la resserrait.

3. Cicéron consacrait quatre audiences à la défense de C. Cornelius. V. *fragm. orat.* et *Brut.* LXXVIII, 271, etc, Pline, *Lettres,* I, 20, 8.

gnaient à lui, sous le nom de *subscriptores*, les avocats de l'accusé et ses louangeurs, *laudatores,* les témoins. C'étaient bien des discours, il fallait beaucoup de temps ! Pompée arrêta à dix le nombre des *laudatores ;* une loi, en 702 restreignit à trois heures la durée de la plaidoirie du défenseur, dans les procès de brigue [1]. Avec les empereurs, la liberté de parole n'exista plus. Plusieurs orateurs à l'exemple de Maternus, déplorèrent la pacification de l'éloquence et s'indignèrent de voir les luttes oratoires renfermées dans les basiliques, dans d'étroites salles d'audience, *Auditoria, Tabularia* [2]. A l'époque de Pline, il y eut une sorte de renaissance ; les avocats reprirent faveur. On accordait alors six heures à l'accusation et neuf à la défense.

Pour mesurer le temps, les Romains procédaient par à peu près, les divisions du jour étaient incertaines. Ils distinguaient le matin, le lever du soleil, le soir, le moment du repos, la nuit proprement dite, le chant du coq et l'apparition du premier rayon de lumière [3]. A l'armée, la nuit se

---

1. Cic. *Brut.* 94 ; *de fin.* IV, 1 ; *ad Att.* X, 4, 8 ; XIII, 49, 1.

2. *Dial. des orat.* 38-39.

3. Servius *ad Æn.* II, 268 : sunt autem solidæ noctis partes secundum Varronem hæc : vespera, (crepusculum), conticium (concubium), intem-

partageait en quatre gardes ou vigiles, de trois heures. On adopta aussi pour le jour une division quadripartite : du lever du soleil à la troisième heure; de la troisième à la sixième, de la sixième à la neuvième; enfin le soir depuis la neuvième heure jusqu'au coucher du soleil. La durée des heures n'eut quelque précision qu'après la découverte des cadrans solaires, en 164. [1].

L'usage de la clepsydre passa des Grecs aux Romains, vers l'époque du troisième consulat de Pompée [2]. La loi Pompeia de 702 en ordonna

pesta nox, gallicinium, lucifer (crepusculum matutinum). Diei : mane, ortus, meridies. — Comp. Végèce, 3, 8.

1 Censoribus *de die natali*, c. 23 : in horas duodecim divisum esse diem noctemque in totidem vulgo notum est, sed hoc credo Romæ post reperta solaria observatum. Quorum antiquissimum quod fuerit, inventu difficile est. Illud satis constat nullum in foro prius fuisse quam id quod M. Valerius ex Sicilia advectum ad rostra in columna posuit, quod quum ad clima Siciliæ descriptum ad horas Romæ non conveniret, L. Philippus censor aliud juxta constituit ; deinde aliquanto post Cornelius Nasica censor ex aqua fecit horarium, quod et ipsum ex consuetudine noscendi a sole horas solarium cœptum vocari. Horarum nomen non minus annos ccc Romæ ignoratum fuisse credibile est. Nam in duodecim tabulis nusquam nominatas horas invenias, ut in aliis postea legibus, sed ante meridiem eo videlicet quod partes diei bifariam tum divisi meridies discernebat. — Cf. aussi Horace, *sat.* 1, 6, 122.

2. Il ne faut pas confondre les horloges à eau avec la clepsydre. Vitruve de arch. ix, 8, donne une description des horologia ex aqua. Comp. Pétrone, sat. 26 : Trimalchio lautissimus homo horologium triclinio et buccinatorem habet subornatum uti subinde sciat quantum de vita perdiderit. On attribue l'invention de ces horloges au célèbre mécani-

l'emploi pour mesurer la durée des plaidoiries. Cet instrument ressemblait assez à un sablier : le liquide s'échappait goutte à goutte par un orifice très étroit et l'entonnoir se vidait à peu près en vingt minutes [1]. *Dixi horis pæne quinque, nam duodecim clepsydris quas spatiosissimas acceperam sunt additæ quatuor*, dit Pline le Jeune. La capacité de ces instruments était fort variable, ainsi que l'indique le passage même que nous rapportons. Aussi cette manière de mesurer le temps offrait-elle peu de certitude.

On disait parler une, deux, trois, neuf clepsydres, comme nous dirions parler vingt, quarante minutes, une heure, trois heures. Accorder une prolongation se disait : *dare aquam; perdere aquam,* c'était perdre son temps en vaines paroles ; *aqua hærere,* s'arrêter, être indécis. Pendant la lecture des dépositions ou des textes, les interrogatoires et les interpellations, l'huissier ar-

cien d'Alexandrie Ctésibius (2° s. av. J. C.) Ampère, hist. Rom. IV, p. 73-74.

1. Apulée, *Métam.* III : sic rursum præconis amplo boatu citatus accusator quidam senior exsurgit et ad dicendi spatium vasculo quodam in vicem coli graciliter fustulato, ac per hoc guttatim deflua infusa aqua, populum sic adorat. Cic. *de orat.* III, 34, 138 ; Pline, *lettres,* I, 23, 2 ; II, 11, 14, etc.

rêtait la clepsydre, en plaçant le doigt sous l'orifice, *sustinebat aquam* [1].

Comme les avocats parlaient plus ou moins vite, ils étaient gênés par les limites imposées à leur abondance ou à leur stérilité. Tel avocat, pour remplir les neuf heures qui lui étaient accordées et pour ne pas faire tort à son client d'une minute, parlait avec une lenteur désespérante et ne disait en tout pas plus de dix paroles [2]. D'autres, au contraire, parlaient très rapidement et, les yeux fixés sur la clepsydre, précipitaient leur débit, de peur de n'avoir pas achevé, quand l'eau cesserait de couler.

Les juges se fatiguèrent. On s'habitua à plaider sommairement, à ne parler qu'un quart d'heure. Pline seul était trop amoureux de beau langage pour ne pas se montrer généreux : *quantum quis plurimum postulat aquæ do*, disait-il [3].

Ulpien recommande la patience aux juges tout en laissant à leur bon sens le soin de modérer l'ardeur des orateurs. Une constitution de Valentinien et de Valens autorisa les avocats à plaider

1. Quintil. ii, 3, 52 ; Cic. *ad Quint. fr.* ii, 7 ; *de off.* iii, 33, 77 ; Apulée, *Apologie.*
2. Martial, *Epigr.* viii, 7.
3. Pline, *Lettres*, vi, 2, 5-6. — et i, 20.

aussi longuement qu'ils voudraient pourvu que ce
ne fût pas dans l'intention d'augmenter leurs ho-
noraires [1].

1. Dig. *de off. proc.* § 9 ; Code, *Const.* 6, § 5, *de post.* — Pline
raconte, *lettres*, vii, 6, 12 une plaisante aventure. On avait repris une
accusation contre des clients que Pline avait fait acquitter ; l'accusateur Africanus se perdait en vains détails, lorsque soudain la mesure
d'eau se trouva épuisée. Il demanda à ajouter quelques mots ; le juge
le lui refusa. Pline se lève alors ; on s'attend à une plaidoirie ; mais
l'avocat se contente de dire : j'eusse répondu, si Africanus avait ajouté
le mot qu'il voulait dire. Jusque-là, en effet, l'accusateur n'avait rien
avancé de nouveau, qui valût une sérieuse réfutation.

IX

NÉVIUS N'AVAIT PAS DE MOTIF DE SAISIR LES BIENS DE QUINCTIUS. — LA SAISIE LÉGALE N'A PAS EU LIEU.

A l'exemple d'Hortensius, Cicéron divise son discours. Il établit : 1° que Névius n'avait aucun motif légitime pour demander l'envoi en possession, *missio in possessionem* ; 2° que Névius ne s'est pas conformé à l'édit du préteur ; 3° qu'il n'a pas possédé les biens de Quinctius.

Quinctius ne devait rien à Névius, ni du fait de la société, ni à titre particulier. Après la mort de C. Quinctius, Névius est resté un an et plus avec P. Quinctius, sans faire aucune réclamation. Si Caius avait été le débiteur de Névius, celui-ci aurait certainement poursuivi son héritier afin d'obtenir le règlement de sa créance. La conduite ultérieure de Névius ne permet pas de supposer que par modération il ait attendu patiemment que Publius voulût bien s'exécuter. Si Névius se croit le créancier de Publius, pourquoi n'aborde-t-il pas tout de suite cette question. Cicéron est prêt à répondre. Quinctius est même disposé à fournir la caution *judicatum solvi*, à la condition que son adversaire la donnera également [1]. Mais Névius ne veut pas que la position des deux parties soit égale, il s'efforce de déshonorer Quinctius et de lui arracher par la crainte ce qu'il ne peut exiger légalement et justement de lui.

Le retard apporté par Névius à la défense de ses intérêts, son hésitation, les détours qu'il emploie, tout cela est inexplicable. Cicéron ne prouve pas péremptoirement que Quinctius ne dût rien à Névius, mais les présomptions à cet égard sont très sérieuses [2].

1. *Pro Quinct.* xiii, 44 : Si veretur, ut res judicio facto parata sit, judicatum solvi satis accipiat ; quibus a me verbis satis accipiet, eisdem ipse, quod peto, satisdet. — Gaius, iv, 89, 102 et suiv. ; iv, 11.

2. V. Contra Keller, *Sem.* p. 174, qui va jusqu'à écrire : quæ omnis argumentatio quam invalida sit atque caduca, neminem opinor, rei judiciariæ mediocriter peritum, latebit.

Dans le cas, où la dette aurait existé, Névius pouvait-il demander la saisie des biens de Quinctius? D'abord la saisie est une mesure de rigueur, que Névius n'aurait certainement pas dû employer contre le frère de son associé. Ces considérations ne l'ont pas arrêté. Il a voulu user de son droit: P. Quinctius a fait défaut, *vadimonium deseruit*. Est-ce bien vrai? De retour à Rome, Quinctius a demandé à Névius de fixer le *vadimonium*, c'est-à-dire, le jour où Quinctius promettrait à Névius de se présenter devant le juge, à un moment convenu. Quand l'heure du *vadimonium* est arrivée, dit Névius, on a vainement attendu Quinctius.

Cette version n'est pas exacte. En effet ce serait, d'après Névius, aux nones de février, que Quinctius aurait pris un premier engagement envers lui. Or Quinctius quittait Rome, la veille des calendes du même mois, ainsi que l'attestent des témoins dignes de foi. Il ne pouvait donc pas être question, quelques jours plus tard, de *vadimonium* entre Névius et lui; Névius trompe ceux qui l'écoutent.

C'est cependant, sous le prétexte que Quinctius aurait fait défaut, que Névius a demandé la

saisie. Névius se prévaut des termes de l'édit :
qui absens judicio defensus non fuerit.

Mais Quinctius n'a-t-il pas eu un représentant ?
A quel moment devait-il être défendu par celui-
ci ? A quel moment le mandataire devait-il se faire
connaître ? Ce n'est point apparemment lorsque
Névius demanda au préteur la *missio in posses-*
sionem, fait qui s'est passé sans aucune publicité.
Névius, en effet, a réuni précipitamment ses amis
pour leur faire constater la non-comparution de
Quinctius et, fort de ces témoignages suspects, il
est allé trouver le magistrat. Celui-ci n'a autorisé
la saisie que conformément à l'édit, *ex edicto*,
c'est-à-dire que si les parties étaient dans les conditions où l'édit du préteur avait permis cette
mesure. Sinon, l'autorisation du préteur doit être
considérée comme non avenue. Tout s'était fait
d'une manière si rapide et si secrète qu'Alfénus
était resté fatalement dans l'ignorance des menées
de Névius. Mais aussitôt que les affiches paraissent, que la *missio in possessionem* est connue, le
représentant de Quinctius se montre, Sextus Alfénus déchire de sa main les affiches injurieuses,
il empêche Névius de spolier Quinctius. En d'autres termes, il y a de la part d'Alfénus de nom-

breux actes d'opposition à la procédure commencée. Quinctius avait un mandataire, il a été
représenté et défendu. C'est d'ailleurs ce qu'a
reconnu Névius lui-même. Mais, pour entraver
et décourager Alfénus, il a exigé de lui la caution
judicatum solvi. Hortensius ne voulait voir dans
l'intervention d'Alfénus que des manœuvres ayant
pour but de faire traîner les débats en longueur.
Alfénus, soutenait-il, n'a jamais eu l'intention de
se charger sérieusement des intérêts de Quinctius, puisqu'il n'a pas voulu donner caution.

Nous avons déjà examiné la question de savoir
si le mandataire général devait fournir la caution
judicatum solvi. L'argumentation d'Hortensius
nous paraît mauvaise. Alfénus ne déserte point
la défense de son ami ; il appelle de la décision du
préteur aux tribuns et poursuit la solution d'un
incident. En soutenant ses droits, il affirmait seulement l'intention où il était de ne pas reculer
devant Névius et de déjouer ses calculs.

Il n'est donc pas douteux pour nous que Névius
ait invoqué à tort le principe : *qui absens judicio
defensus non fuerit,* et que dès lors la possession
des biens saisis n'ait été contraire à l'édit.

Le frère de Quinctius a laissé d'autres créanciers. Pourquoi ceux-ci ne se sont-ils pas joints à Névius? Loin de là, ces créanciers, que ni les liens de l'amitié, ni ceux de la société, ni la parenté n'attachaient à Quinctius, lui sont favorables ; ils l'entourent et le soutiennent, *adsunt, defendunt*. Où sont ceux qui viennent dire : Quinctius a fait défaut ; il a demandé un délai pour payer des dettes qu'il avait commencé par nier, puis il a fui sans laisser de représentant : il nous a trompés. Chaque créancier avait cependant le droit de poursuivre Quinctius ; aucun n'y a songé.

Névius lui-même a donné à Quinctius un témoignage de son estime. Lorsque Alfénus a été proscrit par Sylla, Névius s'est associé avec Quinctius pour acheter les biens du banni. Pourquoi rechercher la société d'un homme suspect et déconsidéré, comme l'aurait justement été Quinctius, si la saisie de ses biens avait été légitime? La conduite de Névius prouve qu'il ne jugeait nullement précaire la situation de Quinctius. La société est détruite lorsque les biens de l'un des associés sont mis en vente ; à plus forte raison, on ne doit pas mettre ses intérêts en commun avec quelqu'un dont la ruine serait déjà consommée [1]. Ainsi Névius, seul de tous les créanciers de Quinctius, a voulu se montrer sans pitié pour lui. Il a, dit-il, exercé son droit. Mais comment apprécier sa manière d'agir, si Névius n'a pas même pour lui la légalité?

En effet, 1° Névius n'avait aucune raison pour demander la *missio in possessionem*, 2° il a tenté de s'emparer violemment des biens de Quinctius, acte contraire aux prescriptions de l'Edit. Avant d'avoir obtenu la *missio in possessionem*, Névius faisait expulser Quinctius de ses domaines en Gaule. D'après son propre dire, Névius aurait sollicité du préteur la permission de saisir, le cinquième jour avant les calendes intercalaires [2]. La veille de ces mêmes calendes, c'est-

1. V. Gaius, III, 154, Instit. III, 25, 7. — Nous préférerions que le client de Cicéron ne se trouvât pas mêlé à cette affaire. Il est triste de voir Quinctius partager avec Névius les dépouilles d'un ami. Cette circonstance peut être en faveur de la situation financière de Quinctius, mais elle n'est pas à la louange de son cœur. — Keller pense qu'il n'y eut pas société formée avec Quinctius à cette occasion. Névius, se présentant pour acheter les biens d'Alfénus proscrit, n'aurait fait que donner le nom de Quinctius comme étant celui de son associé. Si l'expression *edere societatem* peut, à la rigueur, s'interpréter dans ce sens, les mots, *voluntariam coire societatem* indiquent une association nouvelle de Névius et de Quinctius. V. Keller, *sem.*, p. 182; Cic. *pro Quinct.* XXIV, 76.

2. L'année de Numa, année lunaire, avait 355 jours: Mars était le premier mois; février, le mois de la purification, le dernier; juillet et août s'appelaient Quintilis et Sextilis. Pour rétablir l'accord avec l'an-

à-dire, trois jours après, Névius ordonnait à ses esclaves de chasser Quinctius des terres qu'avaient possédées en commun les deux associés. Or, de Rome au pays des Ségusiaves [1], où était située la

née solaire, les décemvirs décidèrent que tous les deux ans, entre le 23 et le 24 février, on intercalerait un mois supplémentaire, alternativement de 22 et 23 jours. Le calendrier était ainsi réglé pour une période de 8 ans, embrassant 2930 jours, ce qui faisait une année moyenne de 366 jours et six heures. L'année était trop longue, après avoir été trop courte. Dès 586 de Rome, la perturbation était telle qu'une éclipse rapportée par Tite-Live au 4 septembre a été placée par les astronomes modernes au 22 juin. Diverses corrections furent tentées avant la réforme de César et de Sosigène. Dans la troisième octaétéride d'un cycle de 24 ans, on n'ajouta que trois mois intercalaires de 22 jours chacun; 66 jours en tout, au lieu de 90. On arrivait ainsi à une année moyenne de 365 jours et 6 heures. (V. Macrobe 1, 13.).

Le calendrier était réglé par les pontifes, tous patriciens d'origine, qui avaient intérêt à pouvoir fixer sans contrôle les élections, les échéances des fermes publiques, les jours fastes et néfastes. Ils imitaient les Grecs, chez lesquels on intervertissait sans cesse la succession des jours et où l'on abusait des intercalations. Les dieux eux-mêmes se trompaient sur les jours de sacrifices et étaient parfois obligés de se passer de dîner, nous dit Aristophane *(Nuées*, v. 615). Verrès, en Sicile, pour faire nommer ses candidats, supprimait un mois et demi et devançait d'autant l'époque des comices (*In Verr.* II, 52, 129). César, en 47 réforma le calendrier et il arriva à un rapport moins inexact entre le temps vrai et le temps moyen.

A l'époque de ce procès le 23 février était la veille des calendes intercalaires, le 22, le troisième jour avant, et, par conséquent, le 20, le cinquième (V. Plut. Num. c. 23; Liv. 1, 20; cf. Garcet, *cours de Cosmographie*).

1. Les Segusiavi étaient établis sur la rive droite du Rhône, dans le pays appelé plus tard Lyonnais. Une de leurs villes était désignée sous le nom de Forum Segusiavorum, c'est aujourd'hui Feurs. Le nom de Forez donné encore à la contrée est également venu de là. V. Cæs. *de bell. Gall.*

propriété de la société, il y a sept cent mille pas [1]. Une telle distance ne pourrait être franchie en un aussi court espace de temps que si on avait à sa disposition, non des courriers, mais des Pégases. Névius avait prévenu l'autorisation du préteur : c'était plus simple. Cicéron traite ce point avec beaucoup de charme et de vivacité.

Le décret de Burriénus aurait pu, jusqu'à un certain point, légitimer la saisie opérée par Névius, si elle n'avait pas été entachée de violence. Que prescrivait, en effet, le magistrat? « *Quod ibidem recte custodire poterunt, id ibidem custodiant; quod non poterunt, id auferre et abducere licebit. Dominum invitum detrudere non placet.* » « Ce que les créanciers pourront garder sur place, qu'ils le gardent. Quant au reste, il leur est permis de l'emporter. Mais en aucun cas, ils ne peuvent expulser le débiteur. »

On prétend que Cicéron mêle ici avec intention les termes de l'édit *unde vi* avec ceux d'un autre édit, applicable en notre matière. Nous ne

1. Le pas équivaut à 1 m. 481. Le pas ordinaire était de 4 milles à l'heure (5 kil. 924 m.) : c'était le *militaris gradus*. Le gradus plenus était de 5 milles dans une heure (7 kil. 405 m.) La distance de Rome à Lyon que Cicéron estime à 70000 pas (1036 kil. environ) ne serait évaluée aujourd'hui qu'à 850 kil. V. Montesquieu, *Grand. et décad.* — V. aussi Lange, *Res militaris Romana,* 1846.

le pensons pas. Le préteur interdisait la violence d'une manière générale, il ne pouvait pas l'autoriser pour la saisie des biens du débiteur. D'ailleurs la violence n'était même pas à prévoir, puisqu'on supposait le débiteur absent. Il ne suffisait pas de posséder, pendant trente jours, les biens du saisi, pour pouvoir les vendre ensuite; il fallait que la saisie eût été régulière et que le créancier se fût conformé aux ordres du préteur. Voilà sans doute ce qu'il faut entendre par *possessio ex edicto*.

Si Névius avait possédé généralement les biens de Quinctius, le fait que la saisie d'un de ces biens eût été accomplie violemment, n'aurait peut-être pas empêché qu'il pût dire que la possession avait été légale. Quinctius aurait eu seulement contre Névius une action en réparation du dommage à lui causé. Mais Névius n'avait point possédé les biens de Quinctius d'une manière générale. Il n'avait encore mis la main que sur le domaine de Gaule et cette saisie, comme nous le voyons, était le résultat d'une agression contre Quinctius. Névius ne pouvait donc nullement prétendre avoir possédé conformément à l'édit [1].

1. V. Cic. *pro Cæcina* et *pro Tullio*, passim.

Après avoir établi que Névius avait demandé, sans motif, l'autorisation d'opérer une saisie et qu'il n'avait pas possédé, *ex edicto*, Cicéron démontrait qu'il n'a pas possédé du tout. Cette troisième partie de l'argumentation ne nous est pas parvenue. Il y a une lacune entre le chapitre 27 et le chapitre 28. Comment Cicéron faisait-il cette dernière preuve? Voici d'après quelques fragments qui paraissent se rapporter à cette partie du plaidoyer et le résumé qui termine ce discours, les principaux arguments.

Posséder les biens du débiteur, c'est en posséder l'universalité et non tel ou tel objet particulier, tel ou tel immeuble déterminé. Or Névius a seulement fait repousser Quinctius lorsqu'il entrait dans son domaine, en Gaule. A Rome, Quinctius avait une maison, Névius n'y a point pensé; il a voulu emmener un esclave, il en a été empêché par Alfénus. En Gaule même, Névius a essayé de s'emparer d'une propriété qui avait appartenu à Caius Quinctius en commun avec lui; mais il n'a pas inquiété Publius Quinctius pour ses propriétés particulières. Dans cet acte de violence, il n'a pas exercé tout entier le droit qu'il prétendait avoir; car sur ce domaine, dont il a

éloigné le maître, la plupart des esclaves sont res-
tés, continuant leurs travaux pour le compte de
Quinctius.

Partout le client de Cicéron a donc conservé
la jouissance de ses biens; Névius n'a pas possédé les immeubles, ni même les meubles de
Quinctius.

Hortensius invoquait en vain les raisons suivantes. Névius a commencé par saisir le domaine
qu'il possédait en commun avec le frère de Quinctius, parce que cette propriété constituait la ma-
jeure partie de la fortune de son débiteur. Il
n'était pas nécessaire de saisir tous les biens du
débiteur pour que la possession fût conforme à
l'édit; il suffisait de manifester l'intention de détenir ces biens à titre d'universalité et Névius
avait rendu son intention évidente.

Cette thèse est inférieure à la précédente; Cicéron était dans le vrai.

X

Après un résumé très complet et très habile,
Cicéron, dans une péroraison touchante, implore
la pitié du juge pour la vieillesse et le malheur
de Quinctius. Il fait ressortir, d'un côté, la simplicité, la bonté, l'honnêteté de son client; de l'autre,
l'avidité, la dureté, la duplicité de Névius. Celui-
ci tend sans cesse des embûches à celui-là. En
vain Quinctius a-t-il demandé à Névius d'arrêter
un compte, de fixer la somme dont il peut être débiteur envers lui, de régler leurs affaires entre
eux. Névius n'a pas voulu. Il a cherché à arracher
à Quinctius la meilleure partie de son héritage, en
l'intimidant, en profitant de son absence pour lui
intenter un procès, où son honneur, comme sa

fortune, était en péril. Aujourd'hui, Quinctius a pu déjouer, en partie, les calculs de son adversaire et il a confiance en la sagesse d'Aquilius, qui lui rendra bonne justice.

Cicéron obtint-il gain de cause? En l'absence de tout témoignage certain, il est téméraire de se prononcer [1]. Il nous semble cependant que Névius n'avait pour lui que les apparences du droit et qu'un jurisconsulte aussi habile que le juge Aquilius n'a pas dû se laisser prendre à de vains dehors. L'équité était pour Quinctius. Mais, en supposant même que le juge ait été obligé de se renfermer strictement dans la formule délivrée par le préteur, qu'il n'ait eu à examiner que la question de la possession légale, Cicéron, croyonsnous, avait jeté sur les débats une lumière suffisante pour qu'Aquilius pût trancher le différend en faveur de Quinctius. Les faits étaient assez

1. Ceux qui ont adopté l'affirmative ont vu une preuve du succès de Cicéron, dans le passage des *Nuits Attiques* (l. xv. c. 28), où Aulu-Gelle rappelle que Démosthène et Cicéron avaient à peu près le même âge, quand ils plaidèrent leur première cause. C'est une interprétation forcée. L'auteur se propose d'établir que Cicéron avait vingt-huit ans, quand il défendit Quinctius et non vingt-trois, comme l'avait écrit Cornelius Népos. Aulu-Gelle rapporte donc seulement qu'à cette époque de sa vie, Cicéron prononça un discours pour Quinctius. Mais rien dans les termes dont il se sert, ne nous autorise à conclure que Cicéron ait triomphé d'Hortensius.

clairs ; une remise à une autre audience pour plus ample informé n'était pas nécessaire. Cette solution, que certains critiques ont admise, nous paraît peu vraisemblable.

Névius lui-même n'était pas aussi sûr de son droit que quelques savants qui ont entrepris de démontrer qu'il avait raison. Il doutait de la bonté de sa cause. Dès qu'il rencontre une résistance, il bat en retraite. Quinctius est disposé à régler les comptes de la société : il recule ; Alfénus se refuse à donner caution : il recule ; Alfénus l'empêche de saisir les esclaves de Quinctius : il recule encore. Mais Quinctius s'éloigne-t-il de Rome, est-il en Gaule sans ami, sans appui, sans conseil, sans information ? Névius avance et précipite ses coups par derrière et dans l'ombre. Les tergiversations de Névius sont une preuve manifeste de sa malhonnêteté.

Il s'est rencontré toutefois des commentateurs qui se sont prononcés nettement contre Quinctius. Ils se sont peut-être trop défiés de l'éloquence et de l'habileté de Cicéron. Pour qu'on ne leur reprochât pas de n'avoir entendu qu'un orateur, ils ont pris la défense de Névius avec une nouvelle ardeur. Sans doute, il est d'une bonne méthode de s'efforcer de refaire le plaidoyer de l'adversaire de Cicéron ; mais c'est au discours que nous avons entre les mains, qu'il faut emprunter les matériaux d'une telle reconstruction et non à des hypothèses plus ou moins chères à notre esprit, de peur qu'on ne nous accuse d'avoir voulu nous donner raison à nous-mêmes et nous récompenser ainsi de notre peine. Entre deux partis pris, regarder comme faux tout ce qu'avance Cicéron, ou se fier entièrement à ce qu'il dit, il serait heureux de pouvoir adopter un juste milieu. Mais en l'absence d'une plaidoirie contradictoire, nous sommes obligés d'accepter au moins, comme une condition nécessaire d'étude et de critique, le récit, tel que nous le présente Cicéron. Nous préférons cette méthode à celle qui consiste à mettre toujours en suspicion la véracité de l'orateur et à l'accuser de glisser légèrement sur les questions importantes pour appuyer au contraire sur les points secondaires. Il n'est que trop facile de retourner contre Cicéron tous ses arguments, en changeant, au gré de notre imagination, les circonstances du procès. Ce procédé est peu scientifique ; il y a même quelque puérilité à vouloir se mesurer avec Cicéron et à se donner la satisfaction de le vaincre, alors qu'on a, pour ainsi dire, réglé soi-même les conditions de ce duel.

La cause de Quinctius était faite pour séduire un jeune avocat, désireux de se révéler par une plaidoirie, où il pût faire briller son éloquence et son érudition. La persécution dont son client avait été l'objet de la part de son adversaire, la renommée de l'avocat de Névius, l'obscurité du droit ajoutaient à l'intérêt des débats. Le *pro Quinctio* non seulement contient les prémices d'un grand génie oratoire, mais encore il annonce un esprit droit, des études sérieuses. Quelle qu'ait été l'issue du procès, Cicéron nous apparaît dès son premier discours comme un orateur éminent et un jurisconsulte supérieur. Il démontre, clairement pour nous, que Névius a voulu profiter de l'absence de Quinctius pour saisir ses biens et le déshonorer, que la saisie n'a pas été légale, que Névius n'a pas possédé les biens de Quinctius et que, par conséquent, c'est à lui à payer le montant de la *sponsio*.

II

PLAIDOYER POUR Q. ROSCIUS

De la société. — *Arbitrium pro socio.* — Les registres de famille.
— *Obligations littérales.*

I

EXPOSÉ DE LA CAUSE

C. Fannius Chéréa avait confié à Q. Roscius un esclave, nommé Panurge, pour qu'il en fît un acteur. Il s'était formé entre eux une société, où Fannius apportait le capital; Roscius, son industrie : l'esclave constituait le fonds commun à exploiter. C'était un contrat très régulier. Tout ce qu'un esclave, appartenant à la fois à plusieurs personnes, pouvait acquérir, devenait la propriété de ses maîtres [1]. Dans une société, lorsque les parts

[1]. Servus communis sic omnium est, non quasi singulorum totus, sed pro partibus utique indivisis, ut intellectu magis partes habeant, quam corpore. Et ideo, si quid stipulatur, vel quaque ratione acquirit, omnibus acquirit pro parte qua dominium in eo habent. Dig. xLV, 3 ; *de stipul. serv.*

n'ont pas été fixées autrement, elles sont égales[1].

La société de Fannius et de Roscius prospère. Panurge, dressé avec soin, commence à être applaudi. Mais ses succès sont brusquement interrompus : un certain C. Flavius, de Tarquinies, tue, par imprudence, le jeune acteur.

Roscius laisse d'abord à Fannius le soin de poursuivre la réparation du dommage qui leur a été causé. Puis, abandonnant toute idée de procès, il transige avec Flavius, dont il reçoit une terre. La jalousie de Fannius s'allume ; il prétend que Roscius a traité, au nom de la société, et il réclame la moitié du domaine. C. Calpurnius Pison engagea Roscius à donner à Fannius quinze mille sesterces, pour reconnaître ses peines et soins. Fannius avait été, en effet, un moment le mandataire de Roscius et avait peut-être fait quelques démarches auprès de Flavius et commencé les poursuites. Mais, en recevant cette somme, Fannius s'engagerait, non seulement à ne plus rien exiger de Roscius, mais encore à partager avec lui

---

1. Ut sit pro socio actio, societatem intercedere oportet ; nec enim sufficit rem esse communem, nisi societas intercedit. Coire societatem et simpliciter licet et si non fuerit distinctum, videtur coïta esse universorum quæ ex quæstu veniunt. Si non fuerint partes societati adjectæ, æquas esse constat. Dig. xvii, 2, *pro Socio*.

tout ce qu'il obtiendrait directement de Flavius.

Les deux associés, au lieu de gains, avaient donc à se diviser des indemnités. Fannius se fit compter, dans la suite, au dire de Roscius, cent mille sesterces par Flavius. Loin de donner la moitié de cette somme à son associé, Fannius, soutenant qu'il avait été lésé par la transaction intervenue entre Roscius et Flavius, intente un procès à Roscius. Il estimait cent mille sesterces la propriété cédée à Roscius par Flavius; il lui demandait la moitié de cette somme, comme s'il n'avait lui-même rien obtenu de Flavius.

Cicéron plaida cette cause en 678, trois ans après avoir défendu Roscius d'Amérie, à son retour de Grèce. Il avait alors 31 ans.

Nous n'avons rien à dire des deux adversaires, l'un étant trop connu [1]; l'autre, inconnu. P. Saturius, le défenseur de Fannius, que Cicéron nous représente comme un méchant avocat, un *veterator*, est placé, au contraire, au nombre des juges intelligents et intègres, dans la cause d'Oppianicus :

1. V. le bel éloge que Cicéron fait de Roscius : *de orat.* III, 26, 102 ; *Brutus*, 84. 290; *pro Archia*, 8, 17, etc., et Horace, *Ep.* II, 1, 81 ; Pline, *Ep.* VII, 39; Quintilien XI, 3, Macrobe, *Saturnal.* III, 14; Athénée, XIV ; Plutarque, *Vie de Cic.*, etc., et surtout Fraguier, *Recherches sur la vie de Roscius* (mém. lu à l'Acad. des Inscr. et bel. lettres 23 fév. 1717).

après tout, un mauvais avocat peut faire un bon juge [1].

C. Calpurnius Pison était chargé de prononcer dans cette affaire; Cicéron lui décerne les plus grands éloges. Plus tard, il plaida pour Ebutius contre Cicéron, qui défendait Cécina; mais l'amitié et l'estime de Cicéron pour Pison ne furent pas diminuées [2]. L'un des assesseurs de Pison était M. Perperna qui, deux ans après, devenait le meurtrier de Sertorius. Cicéron, dans son plaidoyer, en parle comme d'un juge incapable de se laisser corrompre.

1. *Pro Cluent.* xxxviii, 107 et lxv, 182.
2. *Pro Cæc.* 12, 34 et suiv.

II

DE LA SOCIÉTÉ; ARBITRIUM PRO SOCIO; ACTION
COMMUNI DIVIDUNDO.

Ce discours ne nous est parvenu que mutilé;
même en cet état, il offre un grand intérêt pour
la connaissance du Droit. Remarquons d'abord
qu'on louait les services d'un esclave. Si le maître
reconnaissait en son esclave une intelligence peu
commune, il exploitait son esprit, comme il aurait
tiré profit de son corps, s'il n'eût été bon qu'à des
travaux manuels. Dans ce cas, la position de l'esclave était moins triste. Le maître avait, d'ailleurs,
tout intérêt à conserver un capital plus productif.
Panurge, grâce à la générosité de Roscius, n'aurait pas tardé à amasser un pécule suffisant pour
acquérir la liberté.

Qu'ils fussent employés aux travaux des champs, ou laissés à la maison pour servir de lecteurs, de secrétaires, de précepteurs, ouvriers ou lettrés, les esclaves restaient entre les mains du maître un fonds mobilier, dont il retirait un revenu. Des conventions, comme celle qui existait entre Fannius et Roscius, n'étaient donc pas rares. Chéréa et Roscius s'étaient associés pour exploiter le talent futur de l'esclave Panurge. D'un côté, Chéréa, donne un esclave qui, pour les qualités physiques, ne vaut pas plus de douze mille sesterces (2400 francs); de l'autre, Roscius apporte à la société son génie, sa réputation. La valeur de Panurge, sous l'habile direction de Roscius, augmente considérablement, de telle sorte qu'on peut dire qu'il appartient, en définitive, plus à Roscius qu'à Fannius. Ce qui était à celui-ci, c'était le corps de Panurge; la propriété de Roscius, c'est l'acteur qu'il a formé [1]. Aussi n'est-ce pas le dommage matériel seul qu'il faudra estimer en cas de mort de l'esclave [2]. Si Panurge était sorti de l'école de Stati-

---

1. *Pro Q. Rosc.* **x**, 27-31.

2. Nec solum corpus in actione legis Aquiliæ æstimatur, sed, si alieno servo occiso, plus dominus capiat damni, quam pretium servi est, id quoque æstimetur... Item, si ex gemellis, vel ex comœdis, vel ex symphoniacis unus occisus fuerit, non solum occisi fit æstimatio, sed eo

lius, ou de tout autre histrion, lors même qu'il eût été supérieur à Roscius, il n'aurait point attiré l'attention. La renommée de Roscius accompagne ses élèves. On ne s'inquiète pas de ce qu'ils savent; on connaît leur maître. Il ne leur inculque pas seulement ses qualités; par le fait qu'il les a instruits, il leur prête quelque chose de sa propre gloire et chacun d'eux est, pour ainsi dire, une portion de lui-même. Un malheureux comédien, Eros, chassé du théâtre par les sifflets de tout le peuple, se réfugie auprès de Roscius, comme les suppliants dans un temple, pour y chercher asile. A quelque temps de là, il reparaît en public et les Romains l'applaudissent : il a emporté de chez Roscius la certitude du succès. Aussi le nom de Roscius était-il devenu synonyme de la perfection même [1]. Le vulgaire juge d'après l'apparence. Tout ce qui touchait de près ou de loin l'acteur chéri du peuple, semblait être parfait comme lui.

Panurge était donc l'œuvre de Roscius, thèse fort raisonnable, sinon juridiquement exacte. Dans

amplius quoque computatur, quod ceteri, qui supersunt, depretiati sunt. Gaius, III, 212.

[1] Ut in quo quisque genere excelleret, is in suo artificio Roscius diceretur. — *De Orat.* I, XXVIII, 130.

la demeure de Fannius, sa valeur était presque nulle ; c'est Roscius qui lui a fait acquérir son véritable prix. La propriété de Roscius reposait sur un titre incontestable, le travail, les leçons du maître. Fannius n'était pas propriétaire de la même manière, ni dans la même mesure.

Panurge tué, le fonds de la société était détruit et la société, n'ayant plus d'objet, était dissoute. Les deux associés cherchèrent naturellement à obtenir du meurtrier une indemnité. La loi *Aquilia* sur le dommage causé à tort, *de damno injuria dato*, permettait d'exiger de celui qui avait tué par imprudence un esclave, la plus haute valeur que cet esclave avait eue dans l'année. S'il s'agit d'un esclave commun, chacun des propriétaires peut agir pour sa part de propriété [1]. Il paraîtrait que Roscius laissa, dans le principe, Fannius poursuivre seul l'auteur de l'homicide et qu'il le constitua son mandataire. La formule que le préteur délivra à Fannius devait être ainsi rédigée : *si paret Flavium Fannii et Roscii servum communem occidisse, quanti in eo anno plurimi Panurgus*

---

1. Sed si communem servum quis occiderit, Aquilia lege teneri eum Celsus ait. Idem est si vulnerarit, scilicet pro parte ea, pro qua dominus est, qui agat. Dig. ix, 2, *ad leg. Aquil.*; Gaius, iv, 210-214 ; Instit. iv, 3.

fuit, tantam pecuniam judex Flavium Fannio condemna; si non paret, absolve [1]. Chacun des associés pouvait intenter l'action soit en son nom seulement, soit pour la société, s'il avait reçu mandat des autres associés. Dans le premier cas, tout se passait entre le tiers et l'associé comme s'il n'y eût pas eu société; dans le second, le mandataire obligeait ceux qui lui avaient donné mandat. Fannius s'était donc chargé des intérêts de Roscius. Le *cognitor*, établi avec des paroles solennelles, en présence de la partie adverse, représentait complètement le *dominus* et n'avait pas de caution à fournir [2]. Mais le mandant ne perdait pas, en constituant un mandataire, le droit de transiger avec le tiers (*reus*). Ses obligations se bornaient à indemniser le mandataire de ses frais et de ses peines. Roscius transigea donc avec Fannius et accepta une terre. D'après Cicéron, l'indemnité donnée à son client n'était rien moins qu'exagérée : c'était un domaine inculte. Mais Roscius qui était aussi bon propriétaire qu'illustre acteur et qui s'entendait à amender ses terres comme à perfectionner ses élèves, transforma tout, planta, construisit. Entre

1. V. Gaius, IV, 46 et 86.
2. Cf. plus haut. *pro Quinctio*; v. Gaius, IV, 83, 84, 97, 98.

ses mains la propriété tripla de valeur. Laissant de côté toutes les dépenses que Roscius avait pu faire, Fannius prétendit que la terre valait cent mille sesterces [1], au moment de la transaction et réclama la moitié de cette somme.

L'action qui peut résulter du contrat de société se nommait *arbitrium pro socio* [2]. L'associé mécontent demandait un arbitrage. Cette action est de celles qu'on appelle de bonne foi, *bonæ fidei;* elle naît directement du contrat et se donne à chacun des associés, pour la poursuite de leurs obligations respectives. L'exécution de toutes les obligations devait s'accomplir *ex æquo et bono,* par suite du contrat et de ses parties accessoires. Partant du principe que la société établit entre les associés une sorte de fraternité, les jurisconsultes décidèrent que les associés ne pourraient être condamnés les uns envers les autres que jusqu'à concurrence de leurs moyens : *in quantum facere potest.* D'un autre côté, comme toutes les stipulations du contrat de société devaient être interprétées largement, équitablement, celui qui n'était

---

1. Les éditions varient beaucoup quant aux chiffres; nous suivons R. Klotz, Leipsig, 1875.

2. V. Gaius III, 148-155; Instit. III, 5, 9; Dig. XVII, 2; Cf. *Pro Quinctie,* III, 13.

pas fidèle à ces stipulations, paraissait plus coupable qu'un autre. Tromper un associé, un ami, presque un frère, semblait, non sans raison, un délit que la justice devait sévèrement punir. Aussi la personne condamnée à la suite de l'action *pro socio* était-elle notée d'infamie [1]. Le jugement ne rappelait pas cette flétrissure ; l'infamie résultait de la condamnation : c'était une conséquence forcée.

Outre l'action *pro socio,* les associés peuvent avoir les uns contre les autres l'action *communi dividundo,* par laquelle on arrive au partage de la chose commune, du fonds social. Ces deux actions existaient cumulativement, elles ne s'annulaient pas [2]. En effet, par l'action *pro socio,* on veut obliger l'associé à rester fidèle au contrat ; par l'action *communi dividundo,* on demande le partage de l'actif ; la première de ces deux actions, intentée par l'un des associés, indique de sa part le désir de continuer la société telle qu'elle a été établie ; par la seconde, au contraire, les associés veulent liquider.

L'arbitrium pro socio était une action *de bonne*

---

[1]. Si qua sunt privata judicia summæ existimationis et pæne dicam capitis, tria hæc sunt, fiduciæ, tutelæ, societatis. *Pro. Rosc. com.* VI, 16 Cf. *Pro Quinctio.*

[2]. Dig. III, 2 ; Gaius, IV, 182 ; Instit. IV, 16, 2.

foi. L'arbitre, nommé par le préteur, avait toute latitude pour faire une compensation entre ce qui pouvait être dû par le demandeur au défendeur et la somme réclamée à celui-ci par celui-là. Il y avait matière à un règlement de comptes, à un arbitrage, plutôt qu'à un jugement proprement dit. Dans les actions de droit strict, le juge était obligé de s'en tenir aux termes de la formule ; ou la prétention du demandeur est fondée et le juge l'admet entièrement, ou elle ne l'est pas, et le juge la rejette purement et simplement. *Si paret, condemna; si nonparet, absolve.* Le juge ne pouvait prendre que l'une ou l'autre de ces deux décisions. Il n'avait à examiner que la question de droit. Si, au contraire, il est dit dans la formule que l'arbitre doit juger, *ex bona fide*, ou, *ut inter bonos agier oportet*, ou encore, *quod æquius melius*, l'équité, la bonne foi doivent alors être prises en considération. Cicéron marque bien la différence qui existe entre un *judicium* et un *arbitrium* :

« Il y a jugement, lorsque la somme réclamée est certaine ; arbitrage, lorsqu'elle est incertaine. Nous demandons un jugement, afin d'obtenir entièrement satisfaction, ou non; un arbitrage, non pour avoir tout ou rien, mais une partie de ce que nous réclamons. Q. Scévola, le grand pontife, disait qu'il y avait une grande force dans toutes les formules d'arbitrages, où se trouvaient ces mots : « d'après la bonne foi. » Il estimait que cette expression devait s'entendre dans un sens très large et qu'il y avait lieu de tenir compte de la bonne foi dans les tutelles, les sociétés, les contrats de fiducie, les mandats, les ventes, les locations, toutes conventions communes dans la vie. Il importe de déterminer alors les obligations réciproques des parties, puisque presque toujours il peut y avoir des demandes reconventionnelles [1]. » Il est difficile de s'exprimer d'une manière plus nette, plus élégante et plus juridique à la fois. Sénèque devait dire plus tard : « La formule dicte la décision du juge ; elle pose des bornes qu'il ne peut pas dépasser ; la religion de l'arbitre est libre,

---

1. Judicium est pecuniæ certæ ; arbitrium, incertæ. Ad judicium hoc modo venimus ut totam litem aut obtineamus, aut amittamus ; ad arbitrium hoc animo adimus, ut neque nihil, neque tantum, quantum postulavimus, consequamur. *Pro Rosc. Com.* IV, 10. — Q. quidem Scævola pontifex maximus summam vim dicebat esse in omnibus iis arbitriis, in quibus adderetur : *ex bona fide*, fideique bonæ nomen existimabat manere latissime, idque versari in tutelis, societatibus, fiduciis, mandatis, rebus emptis venditis, conductis locatis, quibus vitæ societas contineretur : in his magni esse judiciis statuere (præsertim quum in plerisque essent judicia contraria,) quid quemque cuique præstare oporteret. Cic. *de off.* III, 17, 70. Cf. Gaius, IV, 26 ; Instit. IV, 6, 28.

elle n'est nullement liée ; l'arbitre peut ajouter, retrancher, et il rédige sa sentence, non d'après la loi stricte, mais suivant les conseils de l'humanité et de l'équité [1]. »

Fannius avait eu d'abord recours à *l'arbitrium pro socio* [2]. Un accord intervint et Fannius accepta de Roscius quinze mille sesterces. L'instance ne tarda pas à être renouvelée. Fannius se prétend nettement créancier de son ancien associé pour une somme de cinquante mille sesterces. Au lieu de laisser incertain le montant de sa demande, de réclamer un arbitrage, Fannius fixe lui-même le chiffre auquel il veut faire condamner son adversaire. Il ne s'agit plus d'un *arbitrium*, mais d'un *judicium*. Cicéron reproche à Fannius sa cupidité, son hésitation, son ignorance. Il ne connaît pas les formules que tout le monde peut lire dans *l'album* du magistrat, c'est-à-dire, qui sont inscrites sur les murailles de la salle, où siège le préteur. Peut-être a-t-il voulu ménager la réputation de Roscius et, s'il a renoncé à *l'arbitrium pro so-*

---

1. Judicem formula includit et certos, quos non excedat, terminos ponit ; arbitri libera et nullis astricta vinculis religio, et detrahere aliquid potest, et adjicere et sententiam suam, non prout lex aut justitia suadet, sed prout humanitas et misericordia impulit, regere — Senec. *de benef.* III, 4.

2. *Pro. Q. Rosc.* IX, 25 et XIII, 38.

cio, c'est dans la crainte que son ancien associé n'encourût l'infamie ?

Le procès entrait dans une nouvelle phase. Cicéron demande en vertu de quel titre Fannius se dit créancier de Roscius. Comment a été souscrite cette obligation de cinquante mille sesterces ?

III

Les Romains étaient dans l'usage de porter
toutes les sommes qu'ils recevaient ou qu'ils
payaient sur un registre, qu'ils appelaient *tabulæ,
codex accepti et expensi.* Cette habitude n'est pas
pour nous surprendre chez un peuple aussi formaliste que les Romains [1]. Au temps de Cicéron,
ces registres étaient très exactement tenus. Il est
constamment question de ces tablettes dans les

1. Moris autem fuit unumquemque domesticam rationem sibi totius
vitæ suæ per dies singulos scribere, ex qua appareret, quid quisque de
reditibus suis, quid de arte, fœnore lucrove deposuisset quoquo die et
quid idem sumptus damnive fecisset. Sed postquam obsignandis litteris
reorum ex suis quisque tabulis damnari cœpit, ad nostram memoriam
tota hæc vetus consuetudo cessavit. Ascon. *In Verr.* ii, l. i, c. 23.

ouvrages de Cicéron [1]. L'avocat de Roscius disait qu'elles étaient saintes, qu'elles devaient être toujours conservées, parce qu'elles contenaient la parole et la foi de celui qui les rédigeait, *sanctæ, æternæ, quæ perpetuæ existimationis fidem et religionem amplectuntur* [2]. Ceux qui inscrivaient faussement une dette sur leur registre étaient sévèrement punis. La loi Cornelia *de falsis* les mettait au rang des faussaires [3]. Ils étaient exposés à une action publique et, en cas de condamnation, notés d'infamie.

Selon toute probabilité, ces registres étaient tenus en partie double. Primus, prêtant cent écus à Secundus, inscrivait sur une page cette somme comme pesée à Secundus : *expensum ferebat, pe-*

---

1. Confecit diligentissime tabulas Cluentius. Hæc autem res habet hoc certe ut nihil possit neque additum, neque detractum de re familiari latere. *Pro Cluent.* c. 30. — Habes et istius et patris ejus accepti tabulas omnes : quas diligentissime legi atque digessi, patris, quoad vixit, tuas quod ais te confecisse. Nam in isto, judices hoc novum reperietis. Audimus aliquem tabulas nunquam confecisse... Audimus alium non ab initio fecisse, sed ex tempore aliquo confecisse... Hoc vero novum et ridiculum est, quod hic nobis respondet, quum ab eo tabulas postularemus : usque ad M. Terentium et C. Cassium consules confecisse, postea destitisse... *In Verr.* II, l. 1, 23.

2. *Pro Rosc. com.* III, 7.

3. Qui in rationibus tabulis cercisve vel alia qua re, sive consignatione falsum fecerint, vel rem amoverint, perinde his causis atque si erant alsarii, puniebantur. *Dig.* XLIII, 10.

cunia expensa lata erat. De son côté, Secundus portait, sur son registre, cette même somme comme reçue, *acceptum ferebat, pecunia accepta lata erat*. Celui-ci acquittait-il sa dette, Primus, sur une autre page, en face de la première, inscrivait les cent écus comme ayant été reçus. En même temps, Secundus mettait cette somme à la page des *expensa* de son propre registre. De cette manière, le *codex expensi* chez Primus constituait le *debet* de Secundus et, par conséquent, l'avoir de Primus et le *codex accepti*, l'avoir de Secundus et le *debet* de Primus. C'était l'inverse pour les tablettes de Secundus. L'*expensum* du créancier et l'*acceptum* du débiteur établissaient deux fois la dette; les inscriptions sur les deux registres devaient, autant que possible, se faire au même instant. Nous croirions volontiers que ces mentions sur les tablettes avaient lieu devant témoins, lesquels signaient à côté des parties contractantes et apposaient leurs sceaux, ou bien inscrivaient eux-mêmes sur leurs propres registres la créance et la dette. Pour cela, ils n'avaient qu'à faire figurer la même somme, à la même date, à la fois sur le *codex accepti* et sur le *codex expensi*. Il y avait balance et l'on pouvait trouver dans ces écritures le témoignage cherché, la preuve demandée.

La dette, l'obligation elle-même s'appelait *nomen,* de ce que toute dette est inscrite sous le nom d'une personne [1].

Nous apprenons encore par le *pro Q. Roscio* qu'outre le *codex expensi et accepti*, ou grand livre, les Romains avaient encore une espèce de livre-journal qu'on nommait *adversaria*. C'était un simple cahier de notes, où les inscriptions avaient lieu sans ordre, au jour le jour, avec des abréviations, des surcharges, des ratures. Aussi les *adversaria* ne pouvaient-ils être produits devant la justice. A la fin du mois, on portait habituellement sur le *codex accepti et expensi* les recettes et les dépenses qu'on avait d'abord écrites sur l'*adversaria*. En juillet 1875, on retrouvait, à Pompéi, la maison du banquier L. Cæcilius Jucundus. Dans un grand coffre qu'on pourrait appeler le portefeuille du banquier, il y avait encore 132 quittances, sur lesquelles 127 ont été déchif-

---

1. Pline dit en parlant de la fortune : huic omnia expensa, huic omnia accepta feruntur, et in tota ratione mortalium, sola utramque paginam facit. On met sur le compte de la fortune heurs et malheurs, et c'est elle seule qui, dans la balance de nos joies et de nos peines, est constituée notre créancière ou notre débitrice. Plin. *Hist. nat.* II, 7.

frées, en tout, ou en partie. On a pu se rendre compte alors de ce qu'étaient les *adversaria,* ou brouillards. Ces tablettes consistaient ordinairement en deux ou trois minces planches de bois, réunies entre elles, comme les couvertures d'un livre et qui étaient enduites, à l'intérieur, d'une légère couche de cire. Sur cette cire, on écrivait à l'aide d'un poinçon en fer. Le parchemin et le papyrus étaient réservés pour ce qu'on voulait définitivement conserver, pour le *codex accepti et expensi* [1].

La coutume d'inscrire ainsi dettes et créances était venue du caractère formaliste des Romains, de leur amour de l'ordre, du besoin de preuves faciles. En effet, d'après le droit strict, la simple convention n'engendre pas une obligation. Sans doute, le consentement des parties est indispensable, mais il ne suffit pas. Les Romains procédaient avec solennité. Il y avait différentes manières de s'obliger juridiquement.

L'obligation pouvait naître d'abord à la suite d'interrogations et de réponses devant témoins : c'était l'obligation *verbis,* la *stipulatio.* La convention simple n'aurait constitué qu'une obligation

1. G. Boissier, *Prom. Arch.* p. 299 et suiv.

naturelle, le plus souvent sans aucune sanction légale. Dès qu'il y avait eu *stipulatio*, les parties étaient liées, d'après le droit civil.

À la suite de l'*obligatio verbis* se place l'*obligatio litteris*; c'est une *stipulatio* écrite.

Vient enfin l'*obligatio re*, née d'ordinaire à la suite d'un délit ou d'un quasi-délit, ou de la situation d'une personne à l'égard d'une autre.

Dans le contrat *litteris*, dès que, d'un côté, la somme a été portée comme pesée, et, de l'autre, comme reçue, *expensa lata, accepta relata pecunia*, l'obligation existe. L'écriture n'est pas seulement la preuve de l'obligation, c'est l'élément constitutif, essentiel de l'obligation [1]. On donne souvent au contrat *litteris* le nom d'*expensilatio*.

Nous allons voir par un exemple tiré d'Aulu-

---

1. L'expression *nomina facere* est consacrée, chez les prosateurs, pour indiquer la création de cette sorte d'obligations. *In Verr.* i, 136; *de off.* iii, 4; Sénèque, *de benef.* ii, 23; etc. Les poètes se servent plutôt de *scribere nomen, nummos*. Plaute, *Asinaria* ii, 4, 34 : nunc satagit; adduxit domum etiam ultro et scribit nummos. Cf. Térence, Phormion, v, 8, 89. Horace, ep. ii, 1, 105 : Scriptos nominibus certis expendere nummos, prêter son argent à des débiteurs sûrs. Dans la *Sat.* ii, 3, 69 : «Scribe decem a Nerio, » on peut entendre «scribe decem a Nerio expensos nummos, » écris dix écus pesés par Nérius, prête ton argent avec toutes les garanties qu'un usurier emploie; ou bien « scribe decem nummos acceptos a Nerio, » écris dix écus reçus d'un Nérius, prêtés par un Nérius. Le sens est le même; Horace a voulu dire que le débiteur échapperait quand même à toute poursuite.

Gelle combien le jugement des questions relatives à ce contrat pouvait être délicat. — On réclamait devant moi, dit cet auteur, une somme qui aurait été remise et comptée. Le demandeur n'appuyait son dire, ni sur des tablettes, ni sur des témoignages ; mais sa vie était à l'abri de tout soupçon ; on citait même plusieurs traits de son honnêteté et de sa franchise. La position du défendeur, au contraire, était fausse ; il menait une existence sordide, il avait été convaincu de mensonge, tout en lui respirait la perfidie et la fraude. Avec ses défenseurs, il criait cependant bien haut qu'une dette ne se prouve que par les moyens ordinaires : expensilation, comptes de banque, preuves écrites, tablettes, sceaux, témoignages et qu'en l'absence de toute preuve de ce genre, le débiteur devait être acquitté et son adversaire condamné pour calomnie. A quoi bon s'occuper des faits et gestes des parties ? Il s'agit d'un procès pour une prétendue dette devant des juges particuliers et non du jugement des mœurs par les censeurs [1]. — Aulu-Gelle très embarrassé, puisque en droit

---

1. Petebatur apud me pecunia quæ dicebatur data numerataque, sed qui petebat, neque tabulis, neque testibus id factum docebat et argumentis admodum exilibus nitebatur. Sed cum constabat virum esse erme bonum notæque et expertæ fidei et vitæ inculpatissimæ multaque

strict, le malhonnête homme avait raison, leva l'audience, alla consulter le philosophe Favorinus, qui le renvoya à Caton, et notre auteur, toujours plus perplexe, finit par demander un plus ample informé, déclarant que les faits n'étaient pas clairs, *sibi non liquere juravit.*

En effet, le plus souvent, une question de bonne foi venait compliquer le fait matériel de l'écriture. Il était nécessaire d'établir que l'obligé avait donné au créancier l'ordre de porter la dette sur son registre, de prouver que le débiteur avait consenti à cette inscription.

A quoi servirait, dit Cicéron, que Fannius apportât ses tablettes ? Roscius apporterait les siennes. La dette sera inscrite seulement sur le registre de Fannius ; celui de Roscius n'en fera pas mention. Pourquoi ajouter foi à l'un plutôt qu'à

et illustria exempla probitatis sinceritatisque ejus expromebantur; illum autem, unde petebatur, hominem esse non bonæ rei vitaque turpi et sordida convictumque vulgo in mendaciis plenumque esse perfidiarum et fraudum ostendebatur. Is tamen cum suis multis patronis clamitabat probari apud me debere pecuniam datam consuetis modis, expensilatione, mensæ rationibus, chirographi exhibitione, tabularum obsignatione, testium intercessione, ex quibus omnibus si nulla re probaretur, dimitti jam se oportere et adversarium de calumnia damnari, quod de utriusque vita atque factis diceretur, frustra id fieri atque dici : rem enim de petenda pecunia apud judicem privatum agi, non apud censores de moribus. *Nuits Attiques,* XIV, 2, 4.

l'autre ? Fannius aurait-il inscrit le nom de Roscius, si celui-ci ne lui en avait pas donné l'ordre ? Mais Roscius n'aurait-il pas fait la même mention sur ses tablettes ? Car s'il est honteux d'écrire faussement ce qu'on ne nous doit pas, il est malhonnête aussi de ne pas écrire ce qu'on doit [1].

Le consentement de l'obligé devait donc se prouver. Il pouvait s'établir par l'apport des deux registres, si la dette avait été inscrite sur les tablettes du débiteur comme sur celles du créancier, en un mot, si on avait affaire à d'honnêtes gens. Mais lorsque les deux registres n'étaient pas d'accord, il fallait chercher ailleurs des preuves. L'inscription sur le registre seul du prétendu créancier ne prouvait pas grand'chose [2].

---

1. Quod si ille proferet tabulas, proferet suas quoque Roscius. Erit in illius tabulis hoc nomen, at in hujus non erit. Cur potius illius quam hujus crederetur? Scripsisset ille, si non jussu hujus expensum tulisset? Non scripsisset hic, quod sibi expensum ferri jussisset? Nam quemadmodum turpe est scribere quod non debeatur, sic improbum est non referre quod debeas. — *Pro. Q. Rosc.* 1, 2.

2. Cf. Val. Max. viii, 2 : « C. Visellius Varo, gravi morbo correptus trecenta millia nummum ab Oracilia Laterensi, cum qua libidinis commercium habuerat, expensa sibi feri passus est... quos, ut fronte inverecunda, ita inani stipulatione captaverat » Visellius laissa Oracilia inscrire une créance de trois cent mille sesterces ; mais cette formalité fut vaine, l'engagement nul, probablement parce que lui-même n'avait pas porté la somme comme reçue, pecunia accepta relata non est.

La double inscription était donc, sinon indispensable, du moins très utile. Voici, d'après Théophile, dans sa paraphrase des *Institutes*, quelle était la formule qui servait à constater le consentement du débiteur à figurer sur les tablettes du créancier. *Centum aureos, quos mihi ex causa locationis debes, expensos tibi tuli*, disait le créancier et le débiteur répondait : *expensos tulisti*. Suivant ce jurisconsulte, la cause de la dette et l'acceptation du débiteur auraient dû être consignées. En quoi eût différé alors l'*obligatio litteris* de l'*obligatio verbis ?* Il est probable, au contraire, que la présence des deux parties n'était pas absolument nécessaire comme dans la *stipulatio*. « Expensum ferri potest absenti, etsi verbis obligatio cum absente contrahi non possit, » dit Gaius, *Comm.* III, § 138. Cette doctrine est celle de Cicéron. L'important était que le consentement du débiteur fût certain. Le créancier pouvait, à son heure, sans l'assistance du débiteur, ni de témoins, inscrire la dette sur son *codex* et les honnêtes gens relevaient seulement tous les mois les notes de leur *adversaria* [1]. Le devoir du débiteur était, comme nous l'avons vu, de porter

---

1. Cf. *ad Att.* XII, 5, 4.

comme reçue la somme qu'il avait autorisé son créancier à inscrire comme payée. Cette seconde inscription était comme l'autre partie du contrat et correspondait à la promesse de l'obligé, dans le contrat *verbis* [1].

Le créancier ne pouvait pas être à la merci du débiteur qui, par mauvaise foi, pouvait toujours ou ne pas faire l'inscription sur son registre, ou faire disparaître celle qui avait eu lieu en présence même du créancier. Le procès ne pouvait se borner à la comparaison des deux registres ; Cicéron fait, avec raison, ressortir l'impossibilité de procéder ainsi.

Le créancier avait deux choses à établir : 1° l'inscription de la dette, 2° le consentement du débiteur à laisser écrire son nom sur les tablettes du créancier. Pour prouver la première, l'apport et l'examen de son registre à lui suffisait ; pour la seconde, il fallait avoir recours aux témoignages écrits ou oraux. Pendant longtemps les registres furent tenus avec tant d'exactitude, la crainte de commettre un faux était si grande, que les écritures étaient rarement contestées. Peu à peu on

1. Quum alioquin in verborum obligationibus, alius stipuletur, alius promittat, et in nominibus alius ferendo expensum obliget, alius referendo obligetur. Gaius, III, 137.

fut obligé de ne pas s'en rapporter seulement à la bonne foi des parties.

Au créancier incombait la nécessité de démontrer qu'il avait avec raison inscrit la dette sur son registre. Ainsi Fannius se prétendait créancier de Roscius pour une somme de cinquante mille sesterces exactement. Prouvez, disait Cicéron, que Roscius vous a autorisé à porter cette dette sur vos *adversaria*, puisque vous n'avez pas de *codex* et indiquez pour quelle cause Roscius est votre débiteur. Roscius s'est-il engagé verbalement à vous payer cinquante mille sesterces et cette *obligatio litteris* est-elle destinée à remplacer, à *nover*, une *obligatio verbis* précédente ? Mais alors c'est votre stipulation et la réponse de Roscius qu'il faudra établir. Pas un témoin ne confirmerait cette *stipulatio*. — *Stipulatus es ? quo die ? ubi ? quo tempore ? quo præsente ? quis spopondisse me dicit ? Nemo* [1]. S'il n'y a pas eu *novation*, si Fannius veut s'en tenir à l'*obligatio litteris*, qu'il produise le registre de ses amis, en qui on pourra avoir confiance. Nous avons déjà eu lieu de remarquer cette habitude de faire corroborer ses propres écritures par des inscriptions

[1]. *Pro. Rosc. com.* IV, 12 ; *In Verr.* I, 36.

simultanées sur plusieurs registres de tierces personnes. C'est pour cela que Cicéron demandait à Fannius de faire apporter les livres de Saturius, son avocat, ou de Perpenna, l'assesseur de Pison, ou de quelque autre personnage connu. La dette ainsi inscrite sur le registre de tiers, à sa date, aurait été suffisamment confirmée [1].

Sénèque appelle ces témoins des *signatores*. On a conjecturé que les *signatores*, ou *pararii* étaient des gens de loi, *Tabelliones, pragmatici* [2]. Nous inclinerions plutôt à penser que c'étaient des banquiers. La plupart des affaires, surtout des affaires d'argent se traitaient devant eux. L'habitude, où l'on fut pendant longtemps de peser le métal qui servait aux échanges, dut rendre presque constante l'intervention des *argentarii* : eux seuls connaissaient, en effet, le cours des monnaies, eux seuls possédaient des balances exactes. Les ventes à l'encan se pas-

---

1. *Pro. Q. Rosc.* 1, 3 ; *de Orat.* 1, 38, 174. Sénèque, *de benef.* 11, 23, parle d'agents intermédiaires, de *pararii* qui intervenaient dans l'*expensilatio.* « Cogere fidem quam spectare malunt. Adhibentur ab utraque parte testes. Ille per tabulas plurium, nomina, interpositis parariis, facit ; ille non est interrogatione contentus, nisi rem manu sua tenuit. O turpem humano generi fraudis et nequitiæ confessionem ! annulis nostris plus quam animis creditur. »

2. *De orat.* 1, 45, 198 ; Cf. München, p. 23 ;

saient en leur présence [1]. C'était à leur comptoir, *mensa, tabula,* qu'on se donnait rendez-vous toutes les fois qu'on voulait rendre publique une rencontre, une réunion. Les banquiers se trouvaient donc mêlés à la plupart des conventions, des échanges, des actes juridiques même et nous serions portés à croire que leur rôle était alors assez semblable à celui de nos officiers ministériels. Quoi qu'il en soit, on usait d'inscriptions multiples soit sur les tablettes de ses amis, soit sur celles de banquiers : ces différentes signatures, ces différents sceaux garantissaient l'engagement des parties. Nous trouvons aujourd'hui dans la lettre de change quelques traces de la manière d'agir des Romains en matière commerciale.

On ne pouvait présenter ordinairement en justice que le *codex accepti et expensi,* c'est-à-dire, un livre régulièrement tenu. S'appuyer sur une note inscrite dans ses *adversaria* n'était point l'usage. « Suum codicem testis loco recitare, arrogantiæ est, suarum perscriptionum et liturarum adversaria proferre non amentiæ est ? » C'était pourtant la seule preuve que Fannius eût à faire valoir.

2. V. *Pro Quinctio,* passim.

La multiplicité des contestations amena plus tard le législateur à imposer l'assistance de témoins pour tout acte susceptible d'être produit en justice. Aux signatures devaient être joints les sceaux [1].

Ce n'est pas seulement dans le *pro Roscio comœdo* que Cicéron fait ressortir combien l'*obligatio litteris*, l'*expensilatio* présente de danger, comment l'honnête homme peut être trompé. On se rappelle la charmante narration du *de officiis* (l. III, c. 14) dans laquelle Cicéron nous raconte le subterfuge du banquier Pythius pour faire acheter ses jardins au chevalier Canius. Pythius s'empresse de transformer la vente, contrat admis par le droit des gens, contrat de bonne foi, en une convention de droit strict. L'obligation *naturelle* devient une obligation *civile*. Canius se lie par l'*expensilatio, nomina facit* [2]. Il s'opère une novation. Canius ne doit plus le prix de la vente comme acheteur ; il devient débiteur de Pythius

1. Amplissimus ordo decrevit eas tabulas quæ publici vel privati contractus scripturam continent, adhibitis testibus ita signari, ut, in summa marginis ad mediam partem perforatæ triplici lino constringantur atque impositæ supra linum ceræ signa imprimantur et exteriores scripturæ fidem interioris servent. Paul, *Sent.* v, 25, 6.

2. Les obligations *litteris* sont alors des *nomina transcriptitia*. V. Gaius, III, 128 et suiv.

pour une somme déterminée. Il n'y a plus vente,
mais dette reconnue, acceptée. Dans la vente, le
juge aurait pu faire un arbitrage ; lorsqu'il y a
contrat *litteris*, l'obligé doit s'acquitter du moment qu'il ne peut s'inscrire en faux. Il faudra
que le droit prétorien, venant au secours des vic-
times du droit civil, tempère la rigueur du droit
strict par l'*exception de dol*. Nous voyons par
l'exemple de Canius que l'écriture pouvait quelquefois n'être pas contestée et que cependant, en
bonne justice, l'*expensilatio* devait être considérée
comme nulle.

Cicéron s'attache à démontrer que l'argent réclamé à Roscius par Fannius n'a été, ni remis
par lui à Roscius, ni régulièrement porté comme
ayant été compté et pesé pour le prétendu débiteur, ni promis à Fannius par Roscius : *pecunia
neque data, neque stipulata, neque expensa lata*[1].
Fannius reconnaît que la somme n'a pas été fournie par lui (*data*); qu'il n'y a pas eu d'inscription :
c'est ce qu'établissent ses registres mêmes ; enfin
l'absence de témoins permet de dire qu'il n'y a
pas eu stipulation : « datam non esse Fannius
confitetur ; expensam latam non esse codices

---

1. *Pro. Q. Roscio*, IV, 13 et V, 14.

Fannii confirmant ; stipulatam non esse taciturnitas testium concedit. » En d'autres termes il n'y a eu obligation ni *re*, ni *verbis*, ni *litteris ;* il n'y a eu ni *mutuum* (prêt, obligation de rendre des choses semblables à celles qu'on remet), ni *stipulatio,* ni *expensilatio*. Fannius soutient donc à tort qu'il est créancier de Roscius pour une somme certaine, pour cinquante mille sesterces ; c'est en vain qu'il a recours à la procédure de la *condictio certi*. La *condictio certi* ne convient qu'à ceux qui sont créanciers d'une somme déterminée [1].

1. Certi condictio competit ex omni obligatione, ex qua certum petitur. Dig. xii, 1, *Ulpien* ; Gaius, iv, 17 et suiv.

IV

CONDICTIO CERTI. — SPONSIO LEGITIMÆ PARTIS. —
LÉGALEMENT ROSCIUS NE DOIT RIEN A FANNIUS.

Pourquoi Fannius préférait-il la *condictio certi*
à l'action *pro socio*, un *judicium* à un *arbitrium*,
une action de droit strict à une action *ex æquo
et bono* ? Pourquoi aimait-il mieux s'exposer à
ne rien obtenir, si sa prétention ne paraissait pas
entièrement légitime, que réclamer, à titre d'associé, une part dans l'indemnité que Roscius
avait reçue de Flavius ? On ne saurait en décou-
vrir la raison. Peut-être Fannius prévoyait-il qu'à
la suite d'un arbitrage, il n'obtiendrait rien au-
delà des quinze mille sesterces, que Roscius, sur
le conseil de Pison, lui avait déjà remis, et es-

pérait-il, au contraire, intimider son ancien associé en se disant rigoureusement créancier de cinquante mille sesterces. Roscius pouvait, en effet, craindre d'être accusé de ne pas tenir régulièrement son registre. — « Roscius, disait sans doute Fannius, m'a donné l'ordre d'inscrire la dette sur mon livre, parce qu'il ne lui était pas possible de me payer la somme qu'il reconnaissait me devoir. Si on ne trouve pas de mention sur les tablettes, c'est que Roscius est de mauvaise foi. Quant à moi, je ne présente aujourd'hui qu'une note sur mes *adversaria*, parce que mon *codex* a disparu. »

Roscius était au-dessus de ces accusations et Fannius s'était jeté à la légère dans un procès où, pour soutenir son droit, il ne produisait qu'un titre incertain, un brouillon informe. D'ailleurs il n'avait pas pris tout de suite le parti, auquel il s'était décidé. Il avait accepté d'abord un arbitrage : Pison, celui qui allait être le juge de ce procès, avait servi d'intermédiaire entre Roscius et Fannius. En agissant ainsi, en recevant de Roscius quinze mille sesterces, Fannius n'avait-il pas reconnu lui-même que le chiffre de sa demande était incertain ? Il était donc mal fondé à avoir recours à la *condictio certi*, à réclamer de Roscius une somme fixe, alors qu'il avait commencé par avouer que ce que pouvait lui devoir son adversaire était *incertum*. L'arbitrage précédent était donc un obstacle à la *condictio certi*.

La lacune de la première partie du plaidoyer pour Q. Roscius ne doit pas être considérable. L'orateur n'avait pas besoin d'un long exorde, puisque toutes les sympathies étaient acquises à l'avance à son client, ni d'une réfutation très étendue, puisque les allégations de Fannius paraissaient vaines au premier abord et que les débats se déroulaient devant un juge qui avait déjà rempli entre les parties le rôle d'arbitre. Si Calpurnius Pison a condamné Fannius, en conciliation, dirions-nous par analogie avec les procès de la compétence des juges de paix, il est probable que, dans le jugement définitif, il ne lui donnera pas raison. Cicéron a dû se borner, par conséquent, à quelques plaisanteries à l'adresse de Fannius. Il s'est contenté ensuite de faire remarquer que l'adversaire de Roscius n'a produit d'autre titre que ses *adversaria* et qu'il a laissé trois ans cette note sans la transcrire sur son registre. Comment reprocher dès lors à Roscius de mal tenir ses écritures, quand on a soi-même si peu de soin pour les siennes ? L'orateur n'avait qu'à faire ressortir l'ignorance, la maladresse de Fannius.

Mais Cicéron ne s'en tient pas à cette réfutation suffisante et facile. Il entre, comme d'habitude, dans la voie des concessions les plus larges ; on dirait qu'il abonde un moment dans le sens de son adversaire. C'est une manœuvre pour amener Fannius à déposer contre lui-même. « Je vais aller plus loin, dit-il, ce que je promets est difficile ; mais si Roscius ne trouve pas dans la même personne un adversaire et un témoin, je ne veux pas qu'il triomphe [1]. »

Il était loisible à Cicéron de repousser Fannius par une fin de non-recevoir. Mais il ne veut pas éviter une discussion approfondie. Fannius a voulu poursuivre Roscius par la *condictio certi*. Quoiqu'il n'y ait pas de *certum*, Cicéron accepte cette procédure et contraindra Fannius à confesser qu'il a menti et à proclamer l'honnêteté de Roscius.

Si le mot *certum* n'a pas besoin d'explication, il n'en est pas de même du mot *condictio*. Voici la définition qu'en donne Festus : « Condictio est in diem certum ejus rei, quæ agitur, denuntiatio [2]. »

1. Magnum est quod conor, difficile est quod polliceor, nisi eumdem habuerit et adversarium et testem Roscius, nolo vincat.

2. Cf. Gell. x, 24 ; xvi, 4 ; et xx, 1. Gaius, iv, 18 : Et hæc quidem

Agere per condictionem consistait à déclarer devant témoins à son adversaire la somme exacte qu'on réclamait de lui et à l'inviter à se trouver dans un délai de trente jours devant le magistrat pour recevoir un juge.

Cette action vint s'ajouter à l'*actio per sacramentum* et à l'*actio per judicis postulationem*. Elle fut créée d'abord pour les contestations sur une somme déterminée, *certæ pecuniæ condictio,* par la loi Silia de 510 (?), puis étendue par la loi Calpurnia de 520 (?), à tous les débats sur un objet certain, *certum.* Cette manière de procéder paraît avoir été instituée pour simplifier les formes solennelles des deux autres actions de la loi. Au début, les Romains ne connurent que la procédure *per sacramentum,* avec des allées et venues devant le magistrat, des paroles déterminées, dont Cicéron, tout respectueux qu'il est du passé, se moque plus d'une fois. L'action *per judicis postulationem* fut déjà un progrès ; elle eut pour but de permettre au juge d'apprécier la bonne foi des parties, de constituer l'arbitrage. L'action *per condictionem,* s'appliquant aux obligations de

actio proprie condictio vocabatur, nam actor adversario denuntiabat ut ad judicem capiendum die XXX adesset.

donner une chose certaine, fut un acheminement plus direct vers la procédure formulaire définitivement organisée par la loi Ebutia, qui ne fit que consacrer un ordre de choses depuis longtemps établi.

En effet la *demuntiatio*, ou *condictio* avait lieu hors la présence du magistrat, comme l'*in jus vocatio* dans la procédure formulaire ; les parties se rendaient ensuite devant le magistrat pour recevoir un juge, enfin les *sollemnia verba* étaient supprimés, au moins pour la *demuntiatio*, qui ne se passait pas *in jure* [1].

Dans la procédure formulaire, l'action *per condictionem* n'existe plus, elle a disparu avec les autres actions de la loi, mais le nom de *condictiones* a été conservé pour les formules mêmes au moyen desquelles on poursuit l'obligation de donner des choses certaines, *dare certam pecuniam, certam rem* [2]. A l'époque de Cicéron, l'obligation de donner une somme d'argent déterminée se poursuivait par la *condictio certi*. Ce n'est que plus tard que le mot *condictio* s'applique à toutes les actions *in perso-*

---

1. V. Keller, *pr. civ.* p. 73-78 ; — Gaius, iv, 20, trouvait déjà obscure l' *ctio per condictionem.*

2. Gaius, iv, 28 : Nunc vero, non proprie condictionem dicimus actionem in personam qua intendimus dari nobis oportere : nulla enim hoc tempore, eo nomine, denuntiatio fit.

nam, comme le mot *vindicatio*, aux actions *in rem*[1]. Mais au moment où nous sommes, la *condictio certi* est employée par celui qui réclame une somme fixe, soit comme ayant été remise par lui *(data)*, soit comme lui ayant été promise *(stipulata)* soit enfin comme ayant été inscrite par lui sur son registre, pour avoir été pesée à une autre personne *(expensa lata)*. Dans la *condictio certi*, ou action *de certa pecunia* intervenait une *sponsio*. Le demandeur stipulait de la part du défendeur le paiement, à titre de peine, du tiers de la somme principale, dans le cas de condamnation. Le défendeur liait le demandeur par un engagement semblable à celui qu'il avait pris : c'était la *restipulatio*. D'ordinaire la *sponsio* est facultative et le montant en est fixé par les parties. Le but est de remplacer le dépôt, opéré autrefois pour garantir l'acquittement des condamnations *(sacramentum)*, par l'engagement de payer une somme déterminée, en cas d'insuccès. Il n'en est pas de même ici. La *sponsio* dans la *condictio certi* est obligatoire et elle s'élève toujours au tiers du principal : d'où son nom de *sponsio legitimæ partis, sponsio cum tertia parte*[2]. Cette

1. V. Gaius, iv, 5 ; Dig. xliv, 7.
2. *Pro. Rosc. Com.* 4 et 5 ; Gaius, iv, 13, 162, 171.

sponsio était *pœnalis* [1] par opposition à la *sponsio præjudicialis*, que nous avons eu l'occasion d'étudier dans le *pro Quinctio*. La *sponsio legitimæ partis* devait être faite par le demandeur : *sponsione provocabat, aggrediebatur, lacessebat*. Gagner son procès se disait *vincere sponsionem*. Enfin plaider de cette manière c'était, *sponsione certare, agere per sponsionem, agere cum periculo. Agere sine periculo*, ou *per formulam*, c'était plaider sans qu'il intervînt de *sponsio* [2].

Le demandeur s'exprimait ainsi : *Si calumniæ causa negaveris, legitimam petitæ pecuniæ dare spondes ?* Le défendeur répondait : *spondeo*. La *restipulatio* avait lieu ensuite dans des termes analogues. Les mœurs, les lois, le droit prétorien avaient attaché des peines au fait de plaider de mauvaise foi (*calumnia* [3]). Peut-être, dès l'époque de Cicéron, exigea-t-on des plaideurs le serment qu'ils étaient de bonne foi [4]. Le *jusjurandum de calumnia* devint obligatoire avec la législation justinienne.

1. Gaius, IV, 94.

2. Cic. *pro Tull.* 3o ; *pro Cæc.* 31 ; *pro Quinct.* 27 ; *ad Herenn.* IV, 23 ; Gaius, IV, 91, 162, 165, 171.

3. Gaius, IV, 171-181 ; Instit. IV, 16.

4. Ce passage du *pro Q. Rosc.* le ferait croire : « quod injuratus in codicem referre nolit, id jurare in litem non dubitet? » I, 4.

Fannius a donc affronté cette procédure périlleuse. *Pecunia petita certa, cum tertia parte spontio facta est* [1]. S'il réclame un sesterce de plus qu'on ne lui doit, il perd son procès, car il y a plus-pétition [2]. Le juge n'examinera pas si Roscius doit quelque chose à Fannius, il constatera seulement qu'il ne doit pas la somme demandée.

L'avocat de Roscius pouvait donc, sans nier absolument la dette, établir que le chiffre de Fannius n'était pas exact, que la propriété donnée par Flavius à Roscius était bien loin de valoir cent mille sesterces et que par conséquent la prétention de Fannius ne pouvait être admise. — *Hic ego si finem faciam dicendi satis fidei et diligentiæ meæ, satis causæ et controversiæ, satis formulæ et sponsioni, satis etiam judici fecisse videar, cur secundum Roscium judicari debeat.* — Le droit strict est pour Roscius. C'est à tort que Fannius a eu recours à la *condictio certi*. La

---

1. *Pro Q. Rosc.* v, 14.
2. *Pro Q. Rosc.* iv, 11 . Si amplius H. s. nummo petiit, nisi planum fecit sibi summam ad libellam deberi, causam perdidit, propterea quod aliud est judicium, aliud est arbitrium. Judicium est pecuniæ certæ, arbitrium incertæ... Quid est in judicio? directum, asperum, simplex ; si paret. Quid est in arbitrio? mite, moderatum : quanto æquius melius sit dari. — Cf. Galus, iv, 53-60; Instit. iv, 6, 33.

somme qu'il réclame n'a été ni *data*, ni *stipulata*, ni *expensa lata;* Fannius n'a pas de titre, la dette n'a pas de cause, et, en admettant même que Roscius soit débiteur de Fannius, sa demande doit être rejetée, parce qu'il y a plus-pétition.

V

CARACTÈRES DE FANNIUS ET DE ROSCIUS.

Cette argumentation est d'un juriste consommé.
Si l'avocat a rempli sa mission, si la cause est
gagnée, il reste encore à l'ami de Roscius à flétrir
son accusateur. C'est un homme assez triste que
ce Chéréa avec ses sourcils rasés. Autant Roscius
inspire la sympathie au premier abord, autant
Fannius excite l'aversion. Lorsque, dans le *Pseu-*
dolus, Roscius représente le méchant Ballion, il
n'a qu'à copier Fannius, pour rendre le personnage dans toute sa vérité, et, si Chéréa est au
théâtre, chacun se tourne vers lui et croit que
c'est Ballion [1]. C'est ainsi que de tout temps au-

1. Cf. Philipp. ii, 6, 15.

teurs et acteurs nous divertissent avec nos voisins. Fannius est honni de tous ; Roscius, au contraire, jouit de l'estime publique. Ce n'est pas seulement le talent qu'on prise en lui, c'est aussi le caractère. « De même qu'un tison enflammé s'éteint dès qu'on le plonge dans l'eau, ainsi s'évanouit la calomnie, lorsqu'elle s'attaque à une vie pure. » Comment fera-t-on croire à personne qu'un homme tel que Roscius, qui néglige de gagner, quand il le peut, trois cent mille sesterces, puisse en arracher à Chéréa cinquante mille [1] ?

Cicéron accumule contre Chéréa les invectives et les plaisanteries. Après avoir démontré juridiquement qu'il a tort, il se donne le plaisir de le couvrir de honte, en le bafouant sans pitié. Cette manière de plaider était fort en honneur; on ne l'a pas entièrement oubliée. Malgré ce qu'elle peut avoir d'exagéré, on ne saurait méconnaître l'habileté avec laquelle Cicéron peint ses adversaires [2]. Que ce soit Chéréa, *qui n'a pas un poil d'honnête homme*, ou Chrysogonus, ce person-

---

1. Cicéron rappelle qu'une danseuse, Dionysia, gagnait deux cent mille sesterces par an : détail de mœurs intéressant à noter. — Cf. Gell .1, 5.

2. *In Verr.* v, 11 ; *in Vat.* 2; *pro S. Rosc.* XLIII, 124. Cf. G. Boissier, *Cic. et ses amis*, p. 9.

nage au nom doré, ou Verrès se promenant dans une litière, mollement étendu sur des roses de Malte, à la façon d'un roi de Bithynie, ou encore Vatinius s'élançant pour parler, les yeux saillants, le cou gonflé, les muscles tendus, la figure de ces débauchés et de ces criminels reste à jamais gravée dans notre esprit, tant l'imagination de Cicéron sait leur donner de vie et de couleur. L'esprit de l'avocat s'exerce volontiers sur le nom, sur les défauts physiques de ceux qu'il a en face. Cicéron s'abandonnait à la raillerie avec emportement, lorsqu'il attaquait Verrès et Catilina, avec peu de générosité, lorsqu'il reprochait son goître à Vatinius, le plus souvent avec enjouement et avec grâce, lorsque, défendant Célius, il lançait contre Clodia ces paroles acérées : « neque enim muliebres unquam inimicitias mihi gerendas putavi, præsertim cum ea, quam omnes semper omnium amicam potius quam cujusquam inimicam putaverunt. » Il était difficile en aussi peu de mots de dire mieux et plus [1].

Ce n'était pas seulement à ses adversaires, aux témoins que s'attaquait l'orateur, c'était encore aux magistrats et aux juges [2]. Nous avons vu, dans

1. *Pro Cœl.* xiii, 32 ;
2. *Pro Cluent.* 26; *pro Flacco*, 15 et 19; *pro Quinct.* et *pro Cæc.* passim.

le *pro Quinctio,* les plaintes de Cicéron contre les préteurs Burriénus et Dolabella, qui se sont prononcés contre Quinctius. L'avocat de Cluentius ne craint pas de reprocher sa vénalité au juge Stalénus.

Cicéron avait fait d'ailleurs une étude particulière de l'ironie [1], et, dans ce genre, comme dans les autres, il s'éleva bien au-dessus de ses prédécesseurs et de ses contemporains. Les Romains aimaient assez les traits qui pénètrent profondément, mais ils ne goûtaient que peu ceux qui blessent en effleurant. Il leur faudra entendre des orateurs comme Cicéron, connaître des esprits distingués comme Pline, pour apprécier une plaisanterie fine.

La liberté de parole a toujours été extrême au barreau. Lorsque la tyrannie du parti victorieux essayait d'étouffer la voix de l'orateur, il protestait contre cet abus de la force en appelant à son aide l'ironie, et l'allusion mordante atteignait, aussi sûrement que le coup direct, le maître et l'es-

---

1. *De orat.* II, 54 et suiv. Quintil. VI, 3. Trébonius, l'un des meurtriers de César, avait recueilli les bons mots de Cicéron ; Tiron s'était livré au même exercice. Cf. Prévost, *Vie de Cic.* II, p. 235, 530, 560, Grellet-Dumazeau, p. 208 et suiv.

clave [1]. Plusieurs fois l'empire essaya de restreindre ce pouvoir de tout dire que réclamaient pour eux les avocats. Un moment comprimée, la liberté se relevait plus audacieuse. Il y avait parfois du courage à se servir de l'ironie. Pline, plaidant contre un accusé jouissant d'un grand crédit, sans cesse interrompu par les cris des sénateurs, s'écriait : « Laissez-moi parler ; quand j'aurai tout dit, cet homme n'en sera pas moins innocent [2]. » Tous les empereurs n'étaient pas du reste aussi endurants que Trajan. Des constitutions de Valentinien et de Valens apportèrent des limites assez légitimes à la licence des plaidoiries. Il fut défendu d'injurier les parties, *en dehors des nécessités de la cause* [3]. Cette disposition était encore assez large [4].

1. V. l'exorde du *pro S Roscio Amer.*
2. Pline, *Epist.* iii, 9, 26.
3. C. *de postl.* vi, 1.
4. Le plaidoyer d'Apulée, cherchant à sauver son honneur et sa vie, est le dernier terme où puisse atteindre la liberté de parole dans les débats judiciaires.

VI

ROSCIUS AVAIT LE DROIT DE TRANSIGER AVEC FLA-
VIUS ET IL L'A FAIT EN SON NOM ET POUR SON
COMPTE.

Cicéron a démontré, soit par des preuves juridiques, soit par des considérations morales, que
le procès intenté par Fannius à Roscius est mauvais. La convention conclue entre Flavius et
Roscius a été très régulière. Ce n'est pas pour le
compte de la société, mais pour lui seul, que
Roscius a transigé [1]. Ce dernier point fixé, il ne
restera aucun doute qu'en droit et en équité Roscius ne devait rien à Fannius.

1. *Pro Rosc. com.* XII, 34 : Huc universa causa deducitur, utrum
Roscius de sua parte, an de tota societate fecerit pactionem.

L'auteur de l'homicide par imprudence savait très bien que Panurge appartenait conjointement à Roscius et à Chéréa, mais il savait aussi qu'il traitait avec Roscius seul. S'il avait vu en lui le représentant de la société, n'aurait-il pas exigé de Roscius caution, afin de ne plus être inquiété pour cette affaire par une autre personne : *amplius a se neminem petiturum?* Roscius transigeait seul; c'est pour cela que Flavius n'exigeait de lui aucune garantie.

On ne peut pas dire que Flavius ignorât la société entre Chéréa et Roscius, puisque les poursuites avaient été commencées par Fannius, au nom des deux associés. Roscius avait donné mandat à Fannius, mais il n'en avait pas reçu de Fannius. Chéréa avait été régulièrement institué *cognitor* de Roscius; c'était lui qui devait partager avec son mandant tout ce qu'il pourrait obtenir de Flavius. Au surplus, Roscius avait retiré son mandat à Fannius, *ipso facto*, en transigeant directement avec Flavius. Mais comme la transaction n'avait eu lieu qu'après l'instance commencée par Fannius, *post litem contestatam*[1], Roscius avait payé quinze mille sesterces à

---

1. La *litis contestatio* était la déclaration solennelle, devant témoins,

son associé pour l'indemniser des frais qu'il avait pu faire et de ses services. Fannius pouvait d'ailleurs continuer, pour son propre compte, le procès et se faire donner par Flavius une somme plus considérable.

Roscius s'était conformé aux obligations du mandant [1]. La conduite de Fannius, dans la suite, témoignait encore en sa faveur. Car celui-ci, après avoir reçu les quinze mille sesterces, s'était engagé envers Roscius à lui remettre la moitié de ce qu'il obtiendrait de Flavius. Ne reconnaissait-il pas par là que ces quinze mille sesterces étaient une rémunération suffisante pour ses peines et soins et que Roscius n'avait renoncé que pour lui seul à poursuivre Flavius ? Roscius n'avait pas voulu que son nom fût mêlé plus longtemps à cette affaire, il avait accepté une indemnité, payé son mandataire et laissé à un plus habile le soin d'obtenir davantage, si c'était possible.

de leurs prétentions par les parties. C'était le début de l'instance : on pouvait alors se concilier ou plaider. Mais dès cet instant le débiteur était obligé, non plus d'après son ancienne convention, mais d'après la formalité qui venait de s'accomplir. Il s'était opéré une novation. *Et hoc est quod apud veteres scriptum est : ante litem contestatam dare debitorem oportere ; post litem contestatam, condemnari oportere* — Gaius, III, 180.

1. Litis impendia bona fide a cognitore facta ei restitui ex æquitate debent. Dig. III, 3, *de procuratore.*

Si Roscius avait pu transiger pour tous les deux, Flavius eût été quitte envers Fannius aussi bien qu'à l'égard de Roscius et Fannius n'avait pas à s'engager à partager avec Roscius ce qu'il recevrait de Flavius, puisqu'il ne pouvait plus rien demander à celui-ci.

Quelle était donc la thèse de l'avocat de Chéréa ? Voici peut-être ses arguments. Fannius n'a pas reçu d'indemnité de Flavius ou il n'en a reçu qu'une fort médiocre ; Roscius, au contraire, a été largement payé de la perte qu'il a faite en Panurge ; Roscius s'est donc enrichi par le fait de la société ; il est juste qu'il partage avec son ancien associé. D'ailleurs, en acceptant mandat de Roscius à l'effet de poursuivre Flavius, Fannius pensait que Roscius ne ferait, de son côté, aucune démarche ; la transaction intervenue brusquement entre Roscius et Flavius, a entravé la procédure commencée et a porté un grave préjudice à Fannius. Les obligations entre associés étant généralement communes, il y a eu mandat réciproque [1]. Si Fannius a été le *cognitor* de Roscius, celui-ci en traitant avec Flavius, a été, malgré lui, le *procurator* de Fannius.

---

1. Quodcumque sibi petat socius, id societatis iit. *Pro. Rosc.* com. xvii, 56.

Fannius doit bénéficier de la transaction, concluait Saturius.

A cela Cicéron répondait d'abord qu'une société est détruite, par la perte de l'objet pour lequel elle a été établie. Du jour de la mort de Panurge, la convention entre Roscius et Fannius avait fatalement pris fin. Chaque associé reprenait sa liberté d'action et ne pouvait plus agir pour le compte d'un autre que s'il avait un mandat spécial.

Fannius avait reçu lui-même cent mille sesterces de Flavius et il n'en avait pas offert généreusement la moitié à Roscius. Chaque associé avait donc agi pour son compte personnel. Fannius était de mauvaise foi dans ce procès.

Les faits que Cicéron avance sont confirmés par les témoignages de Cluvius, qui fut juge entre Fannius et Flavius et des sénateurs T. Manilius et C. Luscius Ocréa [1].

De cette discussion, il ressort que le débiteur en cette affaire serait peut-être bien Fannius. Il a été, en effet le *cognitor* de Roscius et il s'est engagé à remettre à Roscius la moitié des sommes qu'il recevrait de Flavius, à titre d'indemnité.

1. *Pro Q. Rosc.* xiii, 39.

Cicéron termine sa plaidoirie par une comparaison très juste entre les associés et les héritiers.
« La société a, dit-il, la ressemblance la plus grande
avec l'hérédité. De même que l'associé a une part,
de même, l'héritier. De même qu'un héritier fait
pétition d'hérédité pour lui seul et non pour ses
cohéritiers, de même un associé intente une action pour lui et non pour les autres associés. Si
l'associé et l'héritier affirment leur droit, ils y re-
noncent aussi d'après la part qu'ils ont, l'un par
son apport dans la société, l'autre par droit d'hérédité [1]. »

D'après le principe romain, bien différent des
règles du droit français [2], les obligations ne se con-
tractent ni activement, ni passivement, pour autrui. L'accord entre Roscius et Flavius était, par
rapport à Fannius, qui n'avait donné aucun mandat
à Roscius, *res inter alios acta*. Roscius et Fannius
avaient une créance contre Flavius ; chacun pouvait réclamer séparément le paiement de sa part,
le droit de l'autre restant intact.

Cicéron avait, pour ainsi dire, repoussé trois
fois l'attaque de son adversaire : il montre d'abord

1. *Pro Q. Rosc.* xviii, 55.
2. V. Code Civil, art. 1849 et 1859. V. aussi art. 1832 et 1873.

que les titres produits sont sans valeur ; puis il établit qu'il n'y a pas de créance de Fannius contre Roscius ; il prouve enfin que, sous le rapport de l'équité, comme en droit, Roscius ne redoit rien à Fannius. On sent que Cicéron est dans le vrai ; sa parole est constamment nette et précise, comme celle d'un jurisconsulte qui voudrait éclaircir un texte, plutôt que véhémente et entraînante, comme celle d'un avocat, qui chercherait à gagner quand même sa cause. Après cette plaidoirie le doute n'était pas possible pour le juge [1].

Les qualités que Cicéron a montrées dans le *pro Quinctio*, ont grandi ; en même temps que la parole s'est enrichie, le raisonnement est devenu plus serré ; l'orateur apparaît plus fort et plus ir-résistible.

1. München, p. 35 : itaque causa debendi nulla intelligitur et Fannius necessario litem perdidisse videtur.

III

PLAIDOYER POUR A. CÉCINA

Interdits *unde vi.* — *Deductio quæ moribus fit.* — Action
civile. — Action publique.

I

M. Fulcinius avait été banquier à Rome. Au moment des guerres civiles, voulant sans doute assurer la position de sa famille pour le cas de mauvaises spéculations et faire un emploi utile de la dot de sa femme, qui lui avait été remise en numéraire, il vendit à Césennia, son épouse, un domaine qu'il possédait à Tarquinies, lieu de sa naissance. Césennia devenait ainsi propriétaire d'un immeuble qui cessait de faire partie de l'avoir du banquier, au lieu d'être, par le fait qu'elle avait reçu une dot, simplement créancière d'une somme d'argent, au même titre que les autres clients de M. Fulcinius [1]. La fortune de Césennia échappait

1. Ulp. *Reg.* 6, *de dotibus.*

donc à tous les risques qu'elle pouvait courir en restant confondue avec celle du banquier.

Fulcinius se retira quelque temps après et il fit l'acquisition des terrains avoisinant le fonds vendu à Césennia. A sa mort, il institua son fils héritier; il légua à sa femme la moitié de l'usufruit de tous ses biens. Le jeune homme ne survécut pas longtemps à son père. Il choisit pour héritier P. Césennius; mais il laissa à sa mère une très grande partie de ses biens et à sa femme une somme d'argent importante. Pour faciliter le partage, on vendit, suivant l'usage, les meubles et les immeubles de la succession. Les parents et les amis de Césennia, lui conseillèrent d'acquérir, dans cette vente, les terres attenant à sa propriété, désignées, dans ce procès, sous le nom de fonds Fulcinien, en souvenir probablement de M. Fulcinius, qui les avait achetées d'abord et les avait laissées ensuite à son fils. Césennia ne pouvait mieux employer l'argent qu'elle allait retirer de la succession de son fils, comme principale légataire. Elle chargea donc un ami, Ebutius, du soin de cette affaire.

Les enchères ont lieu. Ebutius se présente devant la table du banquier qui préside à la vente [1], il enchérit [2] ; et, comme tout le monde, soit par sympathie pour la veuve, soit à cause du prix élevé où montent les enchères, se retire, il est déclaré adjudicataire [3]. Ebutius, pour payer comptant, emprunte au banquier l'argent nécessaire et s'engage à le rembourser dans un temps donné [4]. Césennia, à son tour, s'acquitte envers Ebutius. Mais celui-ci trouve moyen de faire disparaître les livres de la veuve, où mention de cette opération était faite, et, s'appuyant au contraire sur les tablettes du banquier qui a présidé à la vente et qui lui a avancé de l'argent, il soutient qu'il a traité l'affaire en son nom et que le fonds fulcinien a été acheté pour son propre compte. Il était évident que les registres du banquier ne pouvaient pas établir autre chose, le mandat qu'avait reçu Ebutius n'ayant aucun trait avec les enchères elles-mêmes.

Césennia, cependant, agit en propriétaire ; elle afferme le fonds.

Elle épouse en secondes noces A. Cécina. Elle meurt peu après. Elle institua trois héritiers : A.

---

1. Ad tabulam adest. Cf. *pro Quinct.* VI, 25.
3. Licetur.
2. Fundus Æbutio addicitur.
4. Pecuniam argentario promittit.

Cécina pour la presque totalité de sa fortune, pour les onze douzièmes et demi (*facit heredem ex deunce et semi-uncia*); M. Fulcinius, affranchi de son premier mari, pour deux soixante-douziè-mes (*ex duabus sextulis*); Ebutius, pour un soixante-douzième : *Æbutio sextulam aspergit*, dit avec mépris Cicéron.

C'était un souvenir. Mais celui-ci se prévalut de cette aumône pour commencer un procès et renouvela ses chicanes : *iste hac sextula se ansam retinere omnium controversiarum putat.*

Cécina va au-devant de son adversaire, qui conteste sa qualité de citoyen et d'héritier et qui cherche à augmenter la misérable part qui lui a été laissée; Cécina, qui était en possession des biens, demande le partage de l'hérédité [1].

Ebutius, comprenant que Cécina ne se laissera pas intimider, déclare solennellement dans le Forum que le fonds fulcinien a été acheté par lui

---

1. In bonorum possessione cum esset et cum iste sextulam suam nimium exageraret, nomine heredis arbitrum familiæ herciscundæ postulavit. *Pro Cæc.* VII, 19. Le texte *iste*, au lieu de *ipse*, est celui d'Ernesti, de Keller, de Klotz, etc. Ce ne peut être Ebutius qui réclame le partage, puisque en procédant ainsi, il aurait reconnu à Cécina la qualité d'héritier, que précisément il lui déniait. Quant à Cécina, il était tout naturellement en possession des biens de sa femme. Ce passage a été pourtant l'objet de vives controverses.

et pour lui, qu'il doit, dès lors, n'être pas compris dans la succession et que Cécina est obligé de lui en faire la remise pure et simple. A l'objection que Césennia a possédé ces terrains pendant quatre ans, qu'elle les a affermés, comme si elle en eût été propriétaire, Ebutius répond que Césennia a pu agir ainsi et qu'il l'a laissée agir ainsi, parce qu'elle était usufruitière de tous les biens de son premier mari conjointement avec son fils, mais qu'elle n'a jamais été propriétaire, puisque c'est lui, Ebutius, qui a acquis le fonds fulcinien [1].

Cécina, sans contester le dire d'Ebutius, après sa déclaration, convient avec lui du jour, où ils se rendront sur le domaine, objet du litige, pour qu'Ebutius affirme devant témoins sa prétention d'en faire sortir Cécina [2]. Tandis que Cécina, arrivé près du fonds fulcinien, veut franchir une rangée d'oliviers, limite de la propriété, une troupe de gens, apostée par Ebutius, se jette sur lui. Devant cette violence et les menaces d'Ebutius et de ses esclaves, Cécina se retire avec les

1. *Pro Cæc.* IV, 11.
2. C'était là ce qu'on appelait la *deductio quæ moribus fit.* v. Gaius, II, 219; IV, 42.

siens (amici advocatique). Le préteur F. Dolabella ordonne, suivant l'usage, que Cécina sera rétabli dans le domaine d'où il a été chassé avec violence, sans qu'on puisse lui opposer aucune exception. Ebutius répond : *restitui*, j'ai rétabli Cécina, manière adoucie de dire : je ne l'ai pas expulsé, comme le pense le préteur ; je ne suis pas dans les termes de son ordonnance, son interdit ne me concerne point.

Pour trancher cette question, une *sponsio* a lieu entre Cécina et Ebutius. « Si vous avez contrevenu à l'édit du préteur, dit Cécina à Ebutius, me promettez-vous cette somme ? » Ebutius fait cette promesse et lie, à son tour, Cécina par un engagement semblable, dans le cas où il n'aurait pas contrevenu à l'édit, *spondet ac restipulatur Æbutius*. Les juges (ici *récupérateurs*) condamneront donc, une fois le fait établi, l'une des parties à payer à l'autre le montant de la *sponsio* [1].

Ce premier point vidé, la question de la propriété du fonds fulcinien et celle du partage de la succession de Césennia pourront être abordées.

---

1. Nous croyons inutile d'ajouter que nous acceptons la narration de Cicéron. Supposer, comme certains critiques, que Cécina a été l'agresseur, c'est bouleverser les conditions du procès, c'est ôter toute justesse aux arguments de Cicéron.

II

RECUPERATORES.

Ce procès est de 685 ; Cicéron avait 38 ans. Il eut lieu devant des *récupérateurs*. Que faut-il entendre par ce mot ?

Le magistrat, après avoir dit le droit, renvoyait les parties devant un juge ou un arbitre, suivant que le jugement était, ou non, restreint par la formule. A l'origine de la procédure *per formulam*, l'*unus judex* ne pouvait être donné, à ce qu'on suppose, que dans les débats entre citoyens. Il semble, au contraire, que dans les procès entre romains et pérégrins, les parties étaient renvoyées, non plus devant un seul juge, mais devant plusieurs juges qui recevaient le titre de *recupera-*

res [1]. Keller pense que dans le *recuperatorium judicium*, un des juges était choisi parmi les *cives*, un autre, parmi les *socii* et qu'un tiers arbitre leur était adjoint [2]. L'institution des récupérateurs, après s'être développée d'abord dans la juridiction des pérégrins, fut transportée dans la juridiction provinciale, puis dans la juridiction civile ordinaire. La compétence des récupérateurs est très-difficile à déterminer ; le plus souvent, ils étaient en concurrence avec le *judex* [3]. Il semble néanmoins que devant les récupérateurs la procédure était plus expéditive, plus sommaire [4]. « *Recuperatores dare*, dit Cicéron, *ut quam primum res judicaretur. — Recuperatoribus suppositis, ut qui non steterit, protinus a recuperatoribus condemnetur*, dit Gaius. » La procédure était alors et plus simple et moins favorable à la défense. Le fait rapidement constaté, les juges condamnaient sévèrement le perdant, sans admettre aucun

---

1. Reciperatio est, ut ait Gallus Ælius, cum inter populum et reges nationesque et civitates peregrinas lex convenit quo modo per reciperatores reddantur res reciperenturque resque privatas inter se persequantur. (Festus.) — Cf. le plébiscite de Thermessibus, § 4, et Liv. xliii, 2.

2. Liv. xxvi, 48.

3. Gaius, iv, 46, 141, 183, 185, 187.

4. Cic. *Pro Tullio*, 2 ; *In Cæcil*. 17 ; Gaius, iv, 185.

moyen d'exception. Le jugement rendu par des recupérateurs avait quelque chose d'un jugement correctionnel et la condamnation contenait le plus souvent une sorte d'amende [1]. C'est du moins ce que nous serions portés à inférer d'un passage du *pro Tullio* [2]. Tandis que le *judex* devait être choisi dans l'ordre des sénateurs ou dans l'ordre des chevaliers, les *recuperatores* pouvaient être pris parmi les premières personnes présentes devant le préteur. Ils étaient immédiatement désignés, *quasi repente apprehensi*. Les *recuperatores* siégeaient au nombre de trois ou de cinq [3].

A. Cécina nous est connu par quelques lettres de Cicéron. Quant à Sextus Ebutius, il n'en est parlé que dans ce discours. Son défenseur, C. Calpurnius Piso, était juge dans la cause de Roscius.

1. Comp. chez nous la procédure en appel et en cassation.
2. *Pro Tull.* XVII, 41.
3. Cf. Pline, *Epist.* III, 20 ; Liv. XXVI, 48 ; XLIII, 2 ; Cic. *In Verr.* III, 13, 28, 59, 60 ; V, 54 ; *pro Flacc.* 21 ; *de Invent.* II, 20. V. aussi Collman, de judicio recuperatorio, Berlin, 1835.

III

PROPRIÉTÉ ET POSSESSION. — INTERDITS. — VIS
PUBLICA ET PRIVATA. — VIS ARMATA ET VULGARIS.
— DEDUCTIO QUÆ MORIBUS FIT.

Cécina s'appuyait, dans sa revendication contre
Ebutius, sur ce fait qu'il était possesseur. Rappe-
lons donc, avant tout, la distinction qu'il y a lieu
de faire entre la possession et la propriété.

La propriété comprend le *jus utendi, fruendi,
abutendi;* c'est le droit le plus étendu qu'on puisse
avoir sur une chose. Les citoyens seuls, au début,
jouissent du droit complet de propriété, que les
jurisconsultes nomment *dominium* [1].

La possession est l'exercice, la manifestation du

1. V. Gaius, II, 40 ; Dig. XLI, 2 ; cod. VII, 32.

droit de propriété, du moins en général. Il ne suffit pas de détenir un objet pour le posséder. Ainsi le locataire ne possède pas et cependant il occupe l'immeuble loué ; il a seulement la possession matérielle, mais non la possession légale (*nuda detentio, naturalis, corporalis possessio*). Pour posséder, d'après le droit civil, *civiliter possidere, jure civili possidere, possidere*, non-seulement il est nécessaire d'avoir un objet à sa libre disposition, mais encore il faut le regarder comme sien, *animo domini detinere*. On distingue donc deux éléments dans la possession : un fait, une intention.

Ce n'est pas seulement de l'idée de pouvoir que dérive l'idée de possession. Dans la pensée des Romains, la possession vient à la suite de la conquête : posséder, c'est s'asseoir en maître sur la terre, dont on s'est emparé les armes à la main[1].

Toutes les législations ont protégé non-seule-

1. *Possidere* est un composé de *sedere*. Les étymologistes reconnaissent dans la première partie du mot la préposition *pro* du grec προτι, ποτι, qu'on retrouve dans *porricio*, dans *pono*, etc. (V. Corssen *Kritische nachträge zur lateinischen formenlehre*, p. 248; Curtius, *Grundzüge der Griechischen Etymologie*, p 265-268.) J'inclinerais à croire que *possidere* se compose avec l'adjectif *potis*, comme le verbe *sum*, dans *possum*. Dès lors *possidere* signifierait s'établir souverainement dans un domaine. De cette manière s'allieraient les idées de libre disposition et de conquête, contenues dans le mot *possidere*.

ment la propriété, mais aussi la possession. Bien des raisons expliquent cette sollicitude de la loi. D'abord la possession est le plus souvent le signe de la propriété. Le possesseur, par le fait qu'il possède, repousse, sans avoir besoin d'aucun titre, les prétentions de ceux qui n'auraient pas à lui opposer des preuves irréfutables établissant qu'il n'est pas le légitime propriétaire. Jusqu'à démonstration contraire, celui qui possède actuellement est regardé comme propriétaire. La nécessité de défendre la possession se fit sentir à Rome d'une manière toute particulière, par suite des dispositions étroites de la loi. Les citoyens romains étaient seuls propriétaires ; en dehors de *l'ager romanus*, il n'y avait pas de *dominium*. Les détenteurs de fonds provinciaux, de même que les concessionnaires de *l'ager publicus*, n'étaient, aux yeux du législateur, que de simples usufruitiers. Ni les uns, ni les autres n'avaient le droit de revendication, réservé aux seuls propriétaires.

Des raisons d'ordre général amenèrent les préteurs à déclarer qu'ils protégeraient par leurs interdits le domaine des particuliers, comme ils défendaient déjà le domaine public, les temples, les

voies, etc., contre toute entreprise illégale. De là
les interdits *adipiscendæ, retinendæ, recuperandæ
possessionis,* pour acquérir, conserver, recouvrer
la possession. Ces interdits avaient leur effet dans
les causes urgentes, susceptibles de faire naître
des rixes. C'était le magistrat substituant la vin-
dicte des lois aux vengeances privées. L'interdit
(*inter duos edictum*) était la loi de la cause, promulguée, pour les parties, par le préteur [1]. Même
après que l'édit général et annuel eut spécifié les
cas dans lesquels l'interdit serait donné, l'usage
subsista de venir pour chaque cause de même nature demander et recevoir du magistrat l'interdit
promis. Si celui, contre qui l'interdit était accordé,
s'y soumettait, l'affaire était terminée. Sinon, la
contestation devenait procès et le magistrat renvoyait les parties devant un juge ou des récupérateurs. Ce renvoi avait lieu de deux manières : *per
formulam arbitrariam,* c'est-à-dire, par une formule, dans laquelle le préteur invitait le juge à
condamner celui qui avait, à tort, résisté à l'interdit, à des dommages intérêts envers l'autre
partie, *quanti ea res est;* ou *per sponsionem,*
suivant Gaius, *cum pœna et periculo,* c'est-à-dire,

---

1. Gaius, IV, 138-166; Instit. IV, 15; Dig. XLIII, 1.

après un engagement des parties à payer telle somme à celle des deux qui obtiendrait gain de cause. Le juge n'appréciait alors que la question de fait et condamnait ensuite l'une des parties à payer à l'autre le montant de la *sponsio* ; il n'y avait pas lieu à des demandes reconventionnelles.

Ainsi, pour nous résumer, l'interdit était une disposition générale et éventuelle contenue dans l'Edit du préteur, promulguée à nouveau par ce magistrat pour chaque cas soumis à sa juridiction. Il est certain que le préteur pouvait refuser l'interdit qu'on sollicitait de lui et qu'il n'était pas lié par la lettre de l'édit, en d'autres termes, qu'il avait un pouvoir d'appréciation et qu'il ne se bornait pas à lire un texte aux plaideurs. Il voyait si l'on était bien dans les cas où l'interdit pouvait être accordé, si l'on ne cherchait pas à surprendre sa religion, si celui qui invoquait la protection de la justice en était digne.

On usait des interdits pour prévenir ou réprimer les violences. On distinguait différentes sortes de violences. Il était très important pour l'avocat de déterminer exactement dans quelle catégorie rentraient les faits de la cause. Au moment où fut plaidé notre procès, on connaissait la *vis quotidiana* ou *vis vulgaris,* ou violence exercée sans armes, et la *vis armata* ou violence avec armes; la *vis publica* et la *vis privata.* La *vis publica* était toute entreprise illégale d'un magistrat ou contre un magistrat, à l'occasion d'un fait politique. Cette accusation se confondit plus tard avec l'accusation *de majestate* [1]. Les procès relatifs à la *vis publica* étaient extrêmement fréquents. Cicéron plaida pour Sestius, pour L. Sylla, pour Cælius, accusés d'avoir troublé la paix publique. La loi *Plautia de vi,* la première sur la matière, est du tribun Plautius Silvanus et se place en 664. En 675, Q. Lutatius Catulus en aggrava les dispositions; la procédure commencée ne pouvait pas être interrompue par les jours de fête et les jeux publics [2].

La *vis privata* était un délit plus ou moins grave, suivant qu'elle avait été *vulgaris,* ou *armata.* Voici quels étaient les termes de l'interdit qui réprimait la *vis quotidiana : Unde tu, Numeri Negidi, aut familia, aut procurator tuus, Aulum*

---

1. Cujas, *ad legem Juliam de vi.*

2. C'est en vertu de cette loi que fit Clodius accuser P. Sestius et M. Cælius. Ces procès sont purement politiques et Cicéron y trouve l'occasion d'exercer son esprit contre Clodius et Clodia. V. *In Verr. act.* I, 10; *pro Mil.* 13 ; *Ad famil.* VIII, 8; *pro. Cæl.* 1, etc.

Agerium, aut familiam, aut procuratorem illius in hoc anno dejecisti, qua de re agitur, cum ille possideret, quod nec vi, nec clam, nec precario a te possideret, eo restituas [1]. Dans le cas de la *vis armata*, le préteur rédigeait ainsi l'interdit : *Unde tu, Sext. Æbuti, aut familia, aut procurator tuus, A. Cæcinam, aut familiam, aut procuratorem illius vi hominibus coactis armatisve dejecisti, qua de re agitur, eo restituas* [2]. C'était l'interdit que Dolabella avait délivré à Cécina. On désignait le premier interdit sous le nom de interdit *unde vi* et le second, sous celui de interdit *unde vi hominibus coactis armatisve.*

On voit la différence entre ces deux interdits. Dans le premier, trois exceptions tirées d'une violence antérieure, de la clandestinité, de la précarité étaient recevables ; dans le second, elles ne l'étaient pas. Celui qui avait été expulsé sans qu'on eût recours à une troupe de gens armés, pouvait craindre, quand il revendiquerait ses droits, que l'auteur de l'agression ne lui opposât qu'il possédait lui-même par suite de violences,

1. *Pro Cæc.* 3o, 3ı, 32 et 19 ; *pro Tull.* 44-45 ; *Lex Thoria*, 7 ; Gaius, ıv, ı54 ; Cf. Keller, *sem.* ıı, p. 2ç3.

2. *Pro Cæc.* 2ı, 22 et 8 ; *pro Tull.* 48 ; *Ad famil.* xv, ı6, 3 : in hoc nterdicto non solet addi, in hoc anno ; Gaius, ıv, ı55.

ou d'une manière clandestine, ou à titre précaire,
vi, clam, precario. La première exception est
toute naturelle; le magistrat ne pouvait pas protéger par ses interdits celui qui s'était rendu coupable à l'égard de son adversaire du même fait
qu'il lui reprochait. Dans cette hypothèse, cha-
cune des deux parties ayant été spoliatrice et
spoliée, aurait pu demander l'interdit *unde vi*
contre l'autre; c'était simplifier les débats que de
maintenir la possession au défendeur. La possession clandestine consiste dans le fait d'avoir possédé à l'insu du propriétaire. Là encore l'exception
est naturelle. Le propriétaire qui ne sait pas et
qui ne peut pas savoir qu'un autre possède son
immeuble, est dans l'impossibilité d'agir contre le
possesseur. Enfin on entendait par *précaire*, le
contrat, en vertu duquel le créancier laissait entre
les mains du débiteur le gage qui garantissait le
paiement de la dette. L'exception est légitime,
celui qui ne possède une chose que par la permission d'autrui, ne possède pas en réalité [1].

Lorsqu'il y avait eu violences à main armée,
l'interdit n'admettait pas d'exception. On ne pouvait, avec une troupe de gens armés, ni reprendre

[1]. Cic. *Topic.* x, 41 ; Gaius, ii, 60.

le gage laissé en la possession du débiteur, ni rentrer dans sa demeure, sous prétexte qu'on en avait été chassé par le possesseur actuel, ou que la possession de celui-ci était clandestine. L'intention du préteur avait été de supprimer les désordres de la rue et les vengeances particulières, il ne pouvait donc prendre, sous sa protection, ceux qui donnaient l'exemple de violences, quelque bien fondé que fût leur droit.

Nous devons pourtant faire une réserve : celui qui avait chassé avec des hommes armés son adversaire et qui, quelques instants après, subissait le même sort, ne pouvait évidemment obtenir l'interdit *unde vi hominibus coactis armatisve.* L'adversaire aurait opposé très légitimement l'exception : *Quod tu prior hominibus armatis non veneris.* Repousser la force par la force est de droit naturel. Les faits de l'attaque et de la défense se produisent au même temps, *in eodem congressu,* suivant l'expression des juristes [1].

---

1. Cicéron dans une lettre à Trébatius fait une allusion plaisante à cette procédure (*Ad famil.* VII, 13) : *Tantum metuo ne artificium tuum parum prosit ; nam, ut audio, istic :*
    Non ex jure manum consertum, sed mage ferro
    Rem repetunt,
et tu soles ad vim faciendam adhiberi neque est quod illam exceptionem in interdicto pertimescas : quod tu prior vi hominibus armatis non ve-

A l'époque de Justinien, toute différence est effacée entre la *vis privata* et la *vis publica*. (C'est ainsi que sont désignées, dans les Institutes, la *vis quotidiana* et la *vis armata*) [1]. Dans les deux cas, le possesseur doit être réintégré, sans qu'il y ait lieu d'examiner s'il a été expulsé violemment ou simplement, et sans qu'on puisse recevoir aucune exception du défendeur. Ce sont les principes de la *vis armata* qui sont toujours adoptés.

Si les magistrats, à l'origine, s'étaient montrés moins sévères pour la *vis quotidiana*, c'est que la loi elle-même avait consacré une sorte de violence. Nous voulons parler de la *deductio quæ moribus fit*.

En nous reportant aux actions de la loi et plus spécialement à l'*actio sacramenti*, nous trouvons

neris; scio enim te non esse procacem in lacessendo. Il faut entendre ainsi ce passage: « Auprès de César ta science du droit te sera peu utile. Car, à la guerre, ce n'est pas en argumentant, ce n'est pas par des combats fictifs, mais par le fer que tout se décide. On ne te laissera pas d'ailleurs le temps d'étudier, on t'entraîne malgré toi au combat. Mais tu y vas avec si peu d'ardeur que tu n'as pas à craindre que l'ennemi t'oppose jamais, après la victoire de César, cette exception admise pour le cas de violence à main armée : — à moins que tu ne sois venu le premier avec des gens armés. En effet si tu frappes un ennemi, c'est que tu ne peux pas faire autrement pour te défendre toi-même. » Nous voyons combien Cicéron sait être enjoué même avec un jurisconsulte austère, en continuant à parler de la façon la plus exacte la langue si expressive du droit.

1. Instit. iv, 15, 6.

un simulacre de violence, appelé par Aulu-Gelle *vis civilis et festucaria* [1].

On sait que l'*actio sacramenti* était ainsi nom·mée parce qu'une somme d'argent (ordinairement 5oo as) était remise par l'une et l'autre partie en·tre les mains des pontifes, de telle sorte que cette somme était perdue par la partie qui succombait et restait acquise au trésor public (*ærarium*) pour le service des sacrifices (*sacra publica*) [2]. Dans la suite, au lieu du dépôt réel, les plaideurs garantis·saient par des répondants, devant le préteur, *per præedes sacramenti*, le paiement de la somme. La partie qui obtenait gain de cause, voyait dé·clarer par le magistrat le *sacramentum justum* pour elle; celle qui perdait, perdait, outre le prin·cipal, la somme déposée ou qu'elle s'était engagée à payer au début des débats; son *sacramentum* était *injustum* [3]. Ces expressions de *sacramentum justum, injustum*, devinrent synonymes de *obti-nere* et *perdere causam;* elles se conservèrent longtemps après que l'*actio sacramenti* fut tombée en désuétude.

---

1. Gaius, iv, 16 et suiv.; Gell. xx, 10; Varron, *de ling. lat.* v, 7.
2. Gaius, iv, 12; Festus; Varron, *ibid.* iv, 36.
3. *Pro Cæc.* 33; *pro domo,* 29; *de orat.* i, 10; *pro Mil.* 27.

Primitivement les parties se provoquent au dépôt légal par une lutte simulée, la lance au poing:
plus tard une baguette (*festuca, vindicta*) rem-
place la lance, symbole de la force en même
temps que de la propriété civile.

On distinguait, dans cette formalité, la *manuum consertio* et la *vindicatio*. S'agit-il d'un esclave? Le demandeur, le saisissant, d'une main,
et le touchant, de l'autre, avec une baguette disait : « *Hunc ego hominem ex jure Quiritium
meum esse aio, secundum suam causam, sicut dixi.
Ecce tibi vindictam imposui.* » Le défendeur en
faisait et en disait autant. — *Mittite ambo hominem*, ordonnait le préteur. Là se terminait la
manuum consertio, souvenir de la lutte que,
dans l'origine, devait amener tout différend.

Venait ensuite la revendication. Le demandeur
reprenait : « *Postulo anne dicas qua ex causa vin-
dicaveris.* » — « *Jus peregi, sicut vindictam imposui,* » répondait le défendeur. — « *Quando tu injuria vindicavisti, D æris sacramento te provoco,* »
disait le demandeur. — « *Similiter ego te,* » re-
partait le défendeur.

Le préteur attribuait la possession de l'esclave,
pour jusqu'à la fin des débats, à l'une des deux

parties, à charge de fournir par elle des répondants, *prædes litis ac vindiciarum* qui garantiraient que dans le cas d'insuccès, elle rendrait non-seulement l'objet en litige (*lis*) mais encore les fruits et revenus perçus pendant l'instance (*vindiciæ*).

Lorsque la liberté d'une personne était contestée, elle devait être laissée libre, jusqu'à preuve contraire. On disait alors que le préteur était obligé d'accorder la possession intérimaire dans le sens de la liberté [1].

Quand il y avait procès au sujet d'un immeuble, le magistrat, dans les débuts, se transportait sur les lieux, et là, avaient lieu la *manuum consertio* et la *vindicatio*. Peu à peu la *vindicatio* prit une forme particulière. Elle consista à forcer, en l'expulsant, l'adversaire à venir devant le préteur. Cet enlèvement de l'un des plaideurs par l'autre fut nommé *deductio*. Comme le but était d'amener les plaideurs *in jure*, il importait peu d'être expulsé ou expulsant. Des témoins assistaient à la *deductio* : *utriusque superstitibus præsentibus* [2].

1. V. Liv. III, 44-48, procès de Virginie ; Denys d'Hal. XI, 30 ; Cic., *de Rep.* III, 32 ; *In Verr.* I, 45 ; *Texte des* XII *tables*, 6 § 6 et 12 § 3. Gaius, IV, 16 ; *Dig.* I, 1, *de origine juris* 2 § 24 *f. Pomponius*.

2. Superstes signifie testis præsens, suivant Festus. Cf. Cic. *pro Tull* c. 20.

En même temps, on prenait une glèbe, une tuile, on revenait devant le préteur et, en sa présence, s'accomplissait la *vindicatio*. Telle était la *deductio quæ moribus fit,* ainsi nommée, parce que l'usage l'avait consacrée [1]. Les parties ne se présentèrent bientôt plus devant le préteur qu'après la *deductio.* On supprimait ainsi des allées et venues qui ne laissaient pas de prêter à la critique [2].

Mais la *deductio,* imaginée par les préteurs pour arrêter les disputes, n'atteignait pas toujours ce but. Elle rappelait trop à l'esprit guerrier des Romains l'emploi de la force, moyen le plus sûr et le plus rapide pour un peuple belliqueux d'arriver à la reconnaissance d'un droit contesté. La *deductio,* loin d'empêcher les violences, n'en fut le plus souvent que l'occasion et le commencement.

Tels sont les principes qu'il fallait nécessairement résumer pour comprendre le procès de Cécina contre Ebutius.

---

1. Cf. Gell. xx, 10 ; Gaius, vi, 17 ; *pro Cæc.* 1, 7, 8, 32 ; *pro Tull.* 16.

2. *Pro Murena,* 12. Il fallait, en effet, primitivement obtenir du préteur l'autorisation de procéder à la *deductio.* Cela s'appelait *ex jure manum consertum vocare et inde in jus revocare.* A Athènes, on connaissait aussi la *deductio* ou εἰσαγωγή, V. R. Dareste, *Trad. de Démosthène,* t. i, p. 289 et t. ii, p. 81. Paris, 1875.

IV

L'INTERDIT UNDE VI HOMINIBUS COACTIS ARMATISVE

EST APPLICABLE A EBUTIUS

Cicéron, dans son exorde, suivant son habitude, fait un parallèle entre son client et son adversaire. Puis il reproche aux juges d'avoir renvoyé plusieurs fois la cause, *sæpius prolatum judicium*. Quel scrupule a fait retarder ainsi le jugement définitif ?

Sans doute, celui qui succombe dans l'interdit *unde vi* est noté d'infamie. Mais cette aggravation de peine a lieu aussi dans les condamnations pour tutelle, mandat, fiducie, société, infidèles et elle n'est que trop légitime. D'ailleurs il ne faut pas que, plus un délit est grave, plus lent soit le châtiment. Les récupérateurs n'avaient pas besoin de plusieurs actions pour pouvoir formuler un jugement ; ils ont eu tort de prolonger les débats inutilement.

Non-seulement la justice vient tard, mais encore on reproche à Cécina le procès qu'il intente à Ebutius. On devrait plutôt le remercier de sa modération.

En effet, il avait à choisir entre trois actions : l'action résultant de l'interdit *unde vi*, ou action civile en revendication ; l'action *injuriarum*, action privée, afin d'obtenir réparation d'un dommage illégalement causé ; enfin une action publique, capitale, *publicum*, *capitis judicium*, pour demander justice d'un assassinat prémédité. Par l'action privée d'*injure*, Cécina aurait obtenu une réparation pécuniaire. Par l'action publique, il aurait pu faire prononcer contre Ebutius une condamnation rigoureuse. La loi *Cornelia de sicariis* accordait spécialement l'action publique d'*injure* dans le cas d'expulsion avec violence d'un immeuble et la loi *Julia de vi privata et publica* infligeait la peine de la confiscation du tiers des biens, lorsqu'il y avait eu violence sans armes et la peine de la déportation, si l'on avait eu recours à une troupe de gens armés [1].

Mais ni l'une, ni l'autre de ces actions ne conduisaient Cécina à son but. Il voulait être réintégré dans le domaine, dont il avait été chassé. L'action *de vi*, accordée par l'interdit, pouvait seule donner satisfaction à Cécina [2].

Les faits étaient bien spécifiés ; l'interdit *unde vi* semblait avoir été rédigé tout exprès pour le cas. Cécina avait donc procédé de la manière la plus légitime et la plus régulière [3].

Après avoir démontré qu'on ne peut reprocher à Cécina d'avoir été trop dur pour Ebutius, Cicé-

---

1. Loi des xii tables 8, 2 ; Gaius, iii, 220 et suiv. Paul., *sent.* v, 4 : Instit. iv, 4, 7, 8 ; Dig. xlviii, 6 ; *ad leg. Jul. de vi* et 7 *ad leg. Jul. de vi privata*.

2. Quant à l'action *de vi bonorum raptorum*, il n'y fallait pas songer, puisqu'elle ne s'appliquait qu'aux meubles. Ce n'est qu'assez tard que les constitutions impériales étendirent cette action au cas d'invasion illégale d'un immeuble. — C'est cependant cette action que Keller aurait voulu voir intenter à Ebutius par Cécina. V. *sem.* p. 411, Cf. Gaius, III, 209, 217 ; Instit. iv, 12 et 13 et iv, 2. — La peine était du quadruple.

3. Si l'avocat de Cécina appelle quelquefois l'action qui a été intentée, action capitale, alors qu'il fait ressortir que son client s'en tient à une action civile, il ne se contredit pas. La condamnation pouvant entraîner l'infamie pour Ebutius, Cicéron disait avec raison que sa personne, *caput*, était compromise par ces débats. Un *judicium capitis* n'est donc pas synonyme d'un *judicium publicum*. Nous savons que Cicéron qualifiait de même de capital le procès fait à Quinctius, parce qu'il y allait de l'honneur de ce client. —

ron raconte les faits et met dans sa narration
l'habileté d'un avocat, le talent d'un peintre,
l'émotion d'un honnête homme parlant au nom de
la vérité. Cicéron excelle dans cette partie du discours. Pour s'en convaincre, il suffit, sans parler
de l'admirable récit de la Milonienne ou des
grands tableaux des Verrines et des Catilinaires,
de lire l'exposé des faits dans le *Pro Quinctio*
et dans le *Pro Cæcina,* discours purement judiciaires, où il semble que la carrière à parcou-
rir s'ouvre moins large et moins belle pour l'orateur.

Cicéron comprenait l'importance de la narration. « Une narration obscure, disait-il, jette un
voile sur tout le reste ; la narration est la source
de tout le discours [1] ». A la clarté, à la brièveté,
Cicéron joint une autre qualité non moins essen-
tielle : l'intérêt.

Les faits sont confirmés par les témoins. Ebutius lui-même ne nie pas que Cécina ait été victime de ses violences. Quant aux témoins, ce sont
presque tous des parents, des amis, des serviteurs
d'Ebutius et ils déposent contre lui. Malheur

---

[1]. Narratio obscura totam obscurat orationem ; omnis orationis re-
liqua fons est narratio, *De orat.* II, 80, 81, 330 et 329.

d'ailleurs à ceux qui font entendre une parole discordante. Si l'avocat de Cécina distribue généreusement à Ebutius les épithètes de *stultus*, d'*improbus*, de *viduarum cognitor* [1], il n'épargne pas non plus les amis de son adversaire. P. Rutilius est tout étonné qu'on croie une fois à ce qu'il avance; P. Césennius est un homme dont le corps a plus de poids que la parole; le banquier Clodius est aussi noir de visage et d'âme que l'acteur chargé du rôle de Phormion. Falcula, que Cicéron appelle avec une amère ironie, l'honneur du sénat, la gloire et l'ornement des tribunaux, un modèle d'antique loyauté, est bien connu. Dans l'affaire d'Albius Oppianicus, accusé d'empoisonnement, il est venu siéger alors que ce n'était pas son tour et que les débats étaient presque terminés. Il n'a pas hésité cependant à condamner celui qu'il n'a pas pu entendre. Aujourd'hui le témoin déclare qu'il n'y a pas eu de violence exercée contre Cécina. Il ne faut pas lui en vouloir, s'il ment. Il est distrait, il songe à ce que lui rapportera bientôt la condamnation de quelque malheureux.

---

1. Homme d'affaires qui cherche à tromper des personnes ignorantes, en s'imposant comme mandataire.

C'est ainsi que les témoins partagent toujours, dans une certaine mesure, le sort de celui en faveur de qui ils déposent. L'avocat épousait avec passion la querelle de son client; cette manière peu courtoise de traiter les témoins était générale au barreau. Plus tard, dans le *Pro Cluentio*, (§ 37 et 41) revenant de son opinion sur Falcula, Cicéron faisait l'éloge de ce personnage et rappelait qu'il avait été acquitté relativement au fait d'avoir reçu de l'argent pour condamner un innocent. Mais je doute que Cicéron regrettât même alors les traits qu'il avait lancés contre lui dans le *Pro Cæcina*.

Si Ebutius ne pouvait nier l'ensemble des faits, il soutenait du moins qu'il n'y avait pas eu *dejectio*. A tous les arguments de Cicéron l'avocat d'Ebutius, Pison, répondait : *rejeci, non dejeci*, nous avons repoussé un intrus, nous n'avons expulsé personne. Avec ces deux mots, l'adversaire de Cicéron croyait parer tous les coups et dire sous une forme brève : « Vous perdez votre temps, vous plaidez une question étrangère au procès; je ne vous réponds pas, car il ne s'agit pas de *dejectio*. » C'était une scène analogue à celle d'Aristophane, dans les *Grenouilles*, quand, à tous les raisonnements d'Euripide, Eschyle se contente de répondre : Ληκύθιον ἀπολέσεις, tu vides ta petite fiole, tu épuises tes forces, tu perds ton temps.

Le plaidoyer de Pison a dû être fort court. Il opposait une fin de non-recevoir : Ebutius n'est pas dans les termes de l'interdit [1]. L'interdit *unde vi* est un interdit destiné à protéger la possession. Or Cécina n'a jamais possédé le fonds fulcinien. Ce fonds, au contraire, a été acheté par Ebutius, payé par lui, sans qu'il ait été remboursé par Césennia. Cécina est donc mal venu de se présenter au nom de Césennia ; il n'est même pas l'héritier de cette femme ; il a perdu le droit d'hériter en même temps que le droit de cité. Si Césennia a loué pendant quatre ans ce fonds, c'est qu'elle était usufruitière de ce domaine, en vertu du testament de son premier mari. Elle morte, l'usufruit s'est éteint. Cécina n'a donc aucun titre pour réclamer la propriété du fonds fulcinien ; c'est en vain qu'il se couvre de l'interdit ; il n'a jamais possédé. A ces arguments Pison ajoutait sans doute un récit différent de celui de Cicéron : Cécina était l'agresseur, Ebutius n'avait fait que se dé-

---

1. Le raisonnement de Pison était analogue à celui de Cicéron dans le *pro Quinctio.*

fendre. Pison concluait que Cécina pouvait demander des dommages-intérêts, s'il avait reçu quelque blessure, en vertu de l'*actio injuriarum* ou bien intenter un *judicium publicum* à Ebutius, pour tentative d'assassinat, mais qu'il ne pouvait en aucune manière revendiquer un fonds, qui ne lui avait jamais appartenu et d'où, par conséquent, il n'avait pas pu être expulsé.

Avant d'examiner cette proposition, —pour pouvoir se dire *dejectus*, il faut avoir possédé, — Cicéron explique les termes de l'interdit. Il déploie dans cette discussion une grande finesse d'esprit jointe à beaucoup d'agrément dans l'expression [1]. Montrer dans quel sens devait être entendu l'interdit *unde vi hominibus coactis armatisve*, c'était, d'après Cicéron, résoudre toutes les difficultés du procès. Aussi consacre-t-il à cette interprétation la plus grande partie de son plaidoyer (vingt chapitres sur trente-six, du ch. XI au ch. XXXII). *Tota causa pro Cæcina,* a-t-il dit lui-même, *de verbis*

---

1. Les adversaires posthumes de Cicéron, notamment Savigny et Keller, trouvent, dans tout ce discours, plus de minutie que de sagacité. Ils prétendent, que c'est, pour Cicéron, une habitude, lorsqu'il a une cause mauvaise, de s'étendre sur les questions secondaires et de glisser sur les plus importantes, pour détourner l'attention. Ces reproches nous paraissent peu mérités; nous avons déjà eu l'occasion de nous expliquer sur la valeur de ces critiques.

interdicti fuit : res involutas definiendo explicavi-
mus, jus civile laudavimus, verba ambigua distin-
guimus [1]. Dans ce long commentaire, Cicéron est
excellent jurisconsulte; il explique les mots avec
science et clarté, accumule les exemples et, par
surcroît, répand sur tout ce qu'il dit une grâce
infinie.

Ebutius disait : « Non dejeci sed obstiti; non
» enim te sum passus in fundum ingredi; sed ar-
» matos homines opposui ut intelligeres, si pedem
» posuisses, statim tibi esse pereundum. — Je
ne t'ai pas expulsé, j'ai résisté; je n'ai pas souffert
que tu entrasses dans ce domaine et j'ai placé des
hommes armés pour te menacer de la mort, si tu
mettais le pied sur le fonds fulcinien. » Cicéron
tire de ces paroles mêmes l'aveu de violences
exercées contre Cécina. En effet celui-ci n'était
venu avec ses amis que pour accomplir une formalité exigée par le droit civil, la *deductio quæ*
moribus fit. Rien n'était, au contraire, plus illégal
que de réunir des gens et de les armer pour s'opposer à la *deductio*. « Nullam actionem esse dicas;
» audire cupio: qui in pace et in otio, quum ma-
» num fecerit et copias pararit, multitudinem

1. *Orator*, XXIX, 102.

» hominum coegerit, armarit, instruxerit, homines
» inermes qui ad constitutum experiundi juris
» gratia venissent, armis, viris, terrore periculo-
» que mortis reppulerit, fugaverit, everterit, hoc
» dicat : Feci equidem quæ dicis omnia et ea
» sunt et turbulenta et temeraria et periculosa.
» Quid ergo est? Impune feci : nam quid agas
» mecum ex jure civili ac prætorio non habes?
— Il n'y a pas d'action contre moi, disait Ebutius.
C'est ce que nous allons voir, répond Cicéron.
Celui qui, pendant la paix et la tranquillité, a
réuni des forces, rassemblé des gens, les a armés,
équipés et qui a mis en fuite, qui a repoussé,
éloigné avec des armes et des hommes rassemblés
pour cela, par la crainte d'un péril extrême, des
gens sans armes, qui venaient pour accomplir
une formalité convenue, pourra-t-il se borner à
dire : j'ai fait tout ce que tu dis ; tout cela est une
action condamnable, d'où pouvaient naître des
troubles et des accidents ; mais quoi! je l'ai fait
impunément. Ni le droit civil, ni le droit prétorien, ne t'autorisent à agir contre moi. — »

Il n'existe pas d'interdit *unde vi prohibitus,*
alléguait probablement Ebutius. Or je vous ai
seulement empêché d'entrer. Donc vous ne

pouvez invoquer contre moi l'interdit *unde vi de-jectus*.

C'est une subtilité. Le préteur, par l'interdit *unde vi*, dans le désir de protéger la possession, donne son assistance aussi bien à celui qui a été empêché d'entrer chez lui, qu'à celui qui en a été chassé. Dans les deux cas, il y a atteinte au même droit, le droit de possession. Il n'est pas nécessaire que la violence ait été exercée contre le propriétaire lui-même; il suffit qu'un de ses gens ait été attaqué ou repoussé, pour qu'il puisse se dire *dejectus*. Ce sont les termes mêmes de l'interdit; Ebutius n'y contredit pas.

Par violences, il faut entendre non-seulement les coups et blessures, mais aussi les menaces : « Non ea sola vis est quæ ad corpus nostrum vitamque pervenit, sed etiam multo major ea, quæ, periculo mortis injecto, formidine animum loco sæpe et certe de statu demovet. »[1] — Avait-on vu venir à soi des gens armés? Sans attendre leur attaque, on se retirait, en faisant constater le fait par des témoins, et l'on se retranchait derrière l'interdit *unde vi hominibus coactis armatisve*. S'il y avait débat sur la manière dont l'événement

[1]. *Pro Cæc.* xv, 42.

s'était passé, on avait recours à la procédure *per sponsionem* [1].

La manière dont Cicéron entendait la *vis*, avait prévalu [2].

Si la distinction entre l'*introitus*, l'*aditus* et la *dejectio* n'était pas une vaine subtilité inventée par Pison pour les besoins de la cause d'Ebutius, si, pour que l'interdit fût accordé, il était nécessaire que la violence eût été consommée, la loi aurait engagé elle-même les plaideurs à en venir aux mains, objet évidemment contraire à celui qu'elle s'était proposé et le préteur, loin de se montrer favorable à ceux qui ont évité l'ennemi, accueillerait les agresseurs.

D'ailleurs où s'arrêterait-on, si l'on acceptait la manière de voir de Pison. Pour se dire *detrusus* [3].

---

1. At vero hoc quidem jam vetus et majorum exemplo multis in rebus usitatum : quum ad vim faciendam (allusion à la violence symbolique, à la deductio quæ moribus fit), si quos armatos quamvis procul conspexissent, ut statim testificati discederent, quod optime sponsionem facere possent, ni adversus edictum prætoris vis facta esset. — On voit par ce passage du *pro Cæc.* xvi, 55, que l'expression *sponsionem facere* s'applique aux deux parties, à celle qui stipule (*stipulator, actor*) comme à celle qui promet (*sponsor, reus*). Dans notre texte, la leçon *si* indique la question du stipulant : dans le cas où le fait est vrai.....; la leçon *ni* celle du promettant dans la *restipulatio :* dans le cas où le fait n'est pas vrai... — Sur la forme de la *sponsio*, v. *pro Quinct.* viii, 30 ; et cf. Keller, *sem.*, p. 3-43, etc.

2. V. Dig. viii, *de vi et de vi armata.*

3. Terme employé autrefois pas les préteurs à la place de dejectus.

il faudrait avoir été frappé; pour avoir été *dejec-tus*, on aurait dû être précipité d'un lieu supérieur dans un lieu inférieur. Cette interprétation est bien étroite.

En fait, Cécina voulait-il entrer dans le fonds fulcinien? Ebutius l'en a-t-il empêché? La réponse est évidemment affirmative. Tout ce qu'on peut accorder à Pison c'est qu'il n'y a pas eu peut-être violence entièrement consommée; mais il y a eu certainement violence commencée et cela suffit pour que Cécina ait eu raison de demander l'interdit *unde vi armata*, pour qu'il soit bien dans les termes de cet interdit.

« Il faut s'en tenir à l'esprit plutôt qu'à la lettre de la loi », dit Cicéron et il cite, à ce sujet, quelques exemples qu'affectionnait la jurisprudence romaine.

M. Curius avait été institué héritier dans le cas où un posthume mourrait. Or ce posthume ne naquit pas. Que décider? Curius devait bénéficier de la disposition testamentaire qui le faisait héritier; l'intention du testateur était évidente : le posthume devait être préféré à Curius, mais celui-ci devait l'être à tous les autres. C'est ce que prouva aisément Crassus contre M. Scévola [1].

1. Cf. *Top.* x, 44; *ibid.* iv, 23.

Autres cas. La loi des xii tables dit qu'on devient propriétaire d'un champ par une possession continue de deux ans (*usucapio*). Quoiqu'il ne soit pas parlé des maisons, il est certain que cette disposition leur est applicable.

La loi des xii tables dit encore que, lorsqu'une voie est impraticable, on peut mener une bête de somme, par où l'on voudra. « Si via sit immunita, jubet lex qua velit agere jumentum. » Parce qu'une route sera mauvaise dans le Bruttium, pourra-t-on passer par la propriété de Scaurus à Tusculum? Non. La loi veut parler des riverains; elle permet de passer sur le bord de la propriété de ceux qui sont de chaque côté de la voie obstruée [1].

Dans l'action *sacramento*, le créancier disait au débiteur : *quandoque te in jure conspicio...* Appius Cæcus n'aurait jamais pu employer cette action, puisqu'il était aveugle.

Cornélius, étant pupille, est institué héritier. La succession ne s'ouvre que lorsqu'il est arrivé à sa vingtième année. Il y a six ans qu'il n'est

1. Cf. Festus au mot *amsegetes* (possesseurs d'un champ qui doit un chemin). Si via per amsegetes immunita escit, qua volet, jumentum agito (Reconstitution du texte de la table vii par Godefroy). — *Dig.*, viii, 6, *quemadmodum servitutes amittantur* : cum via publica, vel fluminis impetu, vel ruina amissa est, vicinus proximus viam præstare debet.

plus en tutelle. Il n'en doit pas moins hériter. C'est bien lui qui est l'héritier choisi par le testateur.

Ces différents exemples montrent qu'il faut voir la volonté des parties et non seulement la lettre des écrits. Cicéron revient à l'interdit et en continue l'interprétation.

Unde tu, aut familia, aut procurator tuus..... Le terme *familia* doit s'entendre aussi bien d'un seul esclave que de plusieurs; il comprend, avec les esclaves proprement dits, toute la domesticité. De même, par *procurator,* on veut dire toute personne libre représentant le *dejectus,* le colon, un voisin, un client, un affranchi, et non pas seulement un véritable procureur, *is qui legitime procurator dicitur, omnium rerum ejus qui in Italia non sit, absitve reipublicæ causa, quasi quidam pæne dominus, hoc est, alieni juris vicarius* [1].

Peu importe que les gens qui ont fait subir la *dejectio* au plaignant, aient été réunis à cet effet, ou qu'ils se soient trouvés là par hasard. Il n'est pas nécessaire, en d'autres termes, qu'il y ait eu complot; il suffit qu'il y ait eu action simultanée, concourante [2]. Enfin *arma* s'applique aussi bien

1. Cf. *Top.* x, 42 et *Pro Quinct.* vii, 29.
2. Cf. C. P. art. 381 et suiv.

aux bâtons et aux pierres qu'aux glaives et aux lances.

Cicéron se résume par cette remarque vraie pour toutes les législations et pour tous les temps : la loi ne vise que les cas les plus généraux. C'est ainsi que l'interdit *unde vi* a été rédigé d'après la manière dont les choses se passent d'ordinaire, mais il s'applique à tous les événements du même ordre [1].

Cicéron qui vient d'expliquer l'interdit *unde vi*, en adoptant les principes de l'équité, s'indigne cependant contre Pison qui, lui aussi, invoquait le droit naturel. C'est qu'il faisait, en réalité, reposer toute son argumentation sur les termes mêmes de l'interdit, qu'il s'enfermait dans cette réponse laconique : *rejeci, non dejeci*, et qu'il cherchait à prendre son adversaire comme dans un filet [2], en rappelant sans cesse la lettre de la loi. Il était donc peu convenable de venir parler ensuite aux juges, de droit naturel et d'équité.

Dans cette cause, d'ailleurs, le droit naturel et

---

1. Quibus enim rebus plerumque vis fit ejusmodi eæ res appellantur in interdicto. Si per alias res eadem facta vis est, ea tametsi verbis interdicti non concluditur, sententia tamen juris et auctoritate retinetur. — Cf. C.C. art. 4.

2. litterarum tendiculæ; verbi laquei.

le droit civil sont d'accord ; c'est en vain que Pison voudrait infirmer l'autorité des lois et des préteurs.

Cicéron est heureux de montrer que l'équité naturelle et la justice la plus stricte ne sont pas opposées. Bien qu'il explique souvent les vieilles formules dans un sens large, élevé, Cicéron, professe le respect le plus entier pour le droit civil, pour les antiques institutions de Rome. En jurisconsulte habile, il tendait bien moins à innover qu'à déduire les conclusions légitimes des lois existantes.

Le droit civil est le lien des hommes qui vivent en société, *vincula societatis vitæque communis ;* c'est le plus bel héritage que leurs ancêtres aient légué aux Romains : « major hereditas venit unicuique nostrum in iisdem bonis a jure et a legibus, quam ab iis a quibus illa ipsa bona nobis relicta sunt. » Cet héritage, les jurisconsultes l'ont reçu en dépôt pour le développer et lui faire produire tous ses fruits. La cité tout entière est donc intéressée dans chaque procès à ce que la justice triomphe, la justice qui s'appuie sur la morale et la loi. Que Cécina perde sa cause, il se consolera ; mais la cité aura reçu une atteinte grave ; les biens de tous les citoyens se trouveront impunément exposés aux entreprises des malhonnêtes gens.

Cicéron agrandit ainsi le débat. A la manière de Démosthène, son maître, il rattache la cause présente à celle de la cité dans son ensemble, de telle sorte qu'il puisse parler, non plus seulement pour son client, mais au nom de Rome même et qu'il ne semble pas soutenir une thèse particulière, mais se faire le défenseur de la justice, du droit traditionnel et universel.

Comme les orateurs savaient habilement mêler l'intérêt général à l'intérêt privé, les débats judiciaires avaient pris à Rome une grande importance. C'était dans les tribunaux que les lois s'expliquaient, se complétaient, s'achevaient, se transformaient même parfois, par suite d'une jurisprudence qui prévalait contre le texte écrit.

Dans la cause de Cécina, Cicéron, se défiant de ses seules lumières, est allé consulter son ancien collègue dans la préture, celui devant qui il a plaidé sa première cause et qui est depuis longtemps son ami, C. Aquilius Gallus, un de ces hommes qui ignorent les chicanes stériles, qui ne mettent pas aux prises l'équité et le droit civil, dont les avis sont généralement goûtés et suivis [1]. En vertu de cette loi de la sympathie qui nous fait aimer chez les autres les qualités que nous possédons, Cicéron, en traçant le portrait d'Aquilius, se peint lui-même. Nous avons déjà eu l'occasion de le remarquer [2].

On sent combien est habile cet éloge de la loi civile et des jurisconsultes. On aurait pu croire que Cicéron parlait seulement au nom du bon sens naturel et de l'équité, parce que le droit était obscur, contestable, parce que l'avocat faisait trop bon marché des textes. En manifestant ce respect profond pour le droit et pour ceux qui l'interprètent, Cicéron semblait dire qu'il était incapable de tourner la loi, de profiter d'une surprise des juges et de chercher à produire la conviction, en excitant la sensibilité. Nous avons insisté sur ces idées, parce qu'elles expriment bien la doctrine de Cicéron et qu'il n'y a pas là simplement un artifice oratoire.

L'adversaire de Cécina était, de son côté, allé trouver Aquilius. Celui-ci lui avait répondu simplement qu'il fallait s'en tenir aux termes de ce qui

1. Les paroles de Cicéron n'ont rien d'exagéré. Pomponius, énumérant les jurisconsultes dit : Ex quibus Gallum maximæ auctoritatis apud populum fuisse.... Dig. 1. 2, 42, *de orig. jur.*

2. Cf. p. 36 et suiv.

avait été dit et fait, *omnibus quidque verbis actum pronuntiatumque sit.* Cette réponse était à double sens et quelque peu malicieuse. Pison cependant cherchait à en tirer avantage [1].

En apprenant quelle avait été l'opinion de celui à qui il venait demander conseil, Cicéron, à l'en croire, fut d'abord atterré. Mais Aquilius, après avoir réfléchi longtemps, s'écria tout à coup : Les mots sont pour vous ! En résumé, Cécina a été expulsé d'un lieu, tout au moins du lieu d'où il a fui, sinon de celui où il se rendait, *dejectus est aliquo ex loco, sinon ex eo loco, quem in locum venire voluit, at certe ex eo loco unde fugit.* — Le préteur n'ayant pas dit de quel endroit il fallait avoir été chassé, Cécina doit être ramené là d'où Ebutius l'a repoussé.

Cette consultation plaisante est un épisode piquant de ce curieux procès. Cicéron bat son adversaire avec ses propres armes [2].

Bien des commentateurs se sont montrés sévè-

---

1. Aquilius voyant qu'Ebutius jouait sur les mots, avait répondu en termes équivoques, pour montrer le cas qu'il faisait de ce plaideur. — Tout ce passage est altéré et fort peu compris en général. Il faut suivre les excellents textes de Keller et de Klotz.

2. Aut tuo, quemadmodum dicitur, gladio, aut nostro defensio tua conficiatur necesse est.

res pour cette petite comédie [1]. C'est qu'en général, on n'a pas vu le but que poursuivait Cicéron : jeter le ridicule sur une thèse peu sérieuse d'ailleurs et qui ne méritait pas d'autre réfutation. Après avoir démontré qu'Ebutius est malhonnête, Cicéron prouve que c'est un sot.

Les termes de l'interdit sont clairs : *unde* signifie *a quo loco* et *ex quo loco*, d'auprès de, hors de.

Les Gaulois ont été chassés du Capitole : a *Capitolio*. Ils n'y sont pas entrés, mais ils ont voulu y entrer et on dit qu'ils en ont été chassés. Quand les vents nous éloignent du port, *a portu,* nous demandons aux dieux de nous ramener dans ce port et non pas en vue de ce port, quoique nous ne connaissions même pas le rivage : comparaison charmante par laquelle Cicéron clôt cette puérile discussion.

Ebutius insiste. Pour se prétendre *dejectus*, il faut avoir possédé. Autrement on est *rejectus* et l'édit du préteur ne peut être invoqué. Cette objection est plus grave. Cicéron y répond en distinguant les deux interdits, l'un relatif à la *vis*

---

1. Notamment Hotman : quibus omnibus respondet Cicero, mea sententia, calumniose et ad tempus causamque nimis accommodate. — t. III p. 1118 ; édit. 1600.

quotidiana, l'autre à la *vis armata.* Dans le premier, il y avait ces mots : *quum ille possideret ;* dans le second, ils ne s'y trouvaient pas.

Lorsqu'il y a eu violence à main armée, il ne s'agit pas de l'interdit ordinaire *unde vi,* admettant certaines exceptions, mais de l'interdit spécial *unde vi hominibus coactis armatisve,* lequel ordonne la réintégration dans tous les cas. Le fait d'une réunion d'hommes armés, de menaces de mort, de lutte illégale, fait présumer au préteur que l'auteur de l'agression est dans son tort ; aussi décide-t-il qu'en l'espèce. il n'y a pas lieu de rechercher si le *dejectus* possédait ou ne possédait pas. *Unde dejecisti, eo restituas,* dit impérativement le texte.

Cette théorie a été généralement admise par l'école française, à l'exception d'Hotman. Cujas et Pothier, notamment, ont adopté l'opinion émise par Cicéron. L'école allemande, au contraire, s'est rangée à l'avis de Pison.

Savigny fait cette remarque : — « Si Cécina n'avait jamais possédé, il ne pouvait gagner son procès qu'à la condition que le juge n'estimerait pas la possession indispensable. Conséquemment la tâche de son avocat consistait à rendre aussi vraisemblable que possible cette fausse proposition. C'est précisément ce qu'a fait Cicéron. Dans les cas ordinaires, on réclamait l'interdit *unde vi* par cette formule : *unde ille me vi dejecerit, cum ego nec vi, nec clam, nec precario ab illo possiderem.* Toute l'addition consistait dans les trois exceptions connues, et les mots *cum ego possiderem* n'y sont qu'à cause de ces exceptions, sans avoir nullement pour but de désigner la possession, en général, qui était déjà assez clairement exprimée par les mots : *unde me dejecisti.* Mais lorsqu'on avait fait usage d'armes, ce n'était point le lieu d'appliquer les exceptions et l'on supprimait toute l'addition, *cum ego..... possiderem,* sans que la possession fût moins nécessaire à l'existence de l'action. Il est donc très probable que Cicéron sait mettre à profit cette suppression pour en tirer une conséquence aussi fausse qu'indispensable à la cause de Cécina [1]. »

Nous sommes loin d'accepter ces conclusions. Il y a mauvaise grâce à ne pas reconnaître la différence de rédaction des deux interdits.

Cicéron était bien fondé à dire à ses adversaires : « Libre à vous de soutenir que, pour être

[1]. Traité de la possession.

réintégré, il faut avoir possédé. Je n'y contredis pas. Là n'est pas la question. Je m'en tiens au fait de violences avec armes, le seul visé par l'édit. Le préteur ne s'occupe pas de la possession, ni moi non plus. »

Le préteur s'était proposé de mettre un terme à l'habitude d'armer les esclaves et de se faire justice soi-même ; il s'était donc montré sévère et ordonnait le rétablissement dans tous les cas. Nous croyons ces principes vrais, conformes à l'histoire et au droit.

Que dit en effet Gaius, que l'on cite à tort contre Cicéron? Après avoir parlé de l'interdit *unde vi* ordinaire, il ajoute : *interdum tamen a prætore ei, quem vi dejecerim quamvis a me vi, aut clam, aut precario possideret, cogor rei restituere possessionem : velut si armis eum vi dejecerim ; nam prætor proprium interdictum comparavit quo restitui omnimodo jubet, si quis armis aliquem dejecit. Armorum autem appellatione non solum scuta et galeas significari intelligimus, sed et fustes et lapides.* — Ce texte, malheureusement altéré, mais dont la restitution nous paraît excellente [1], vient pleinement confirmer la théorie de

1. L. II, 155. Edition Giraud.

Cicéron. Il est certain, en effet, d'après Gaius, qu'il faudrait restituer un domaine à celui qui ne le possédait pas, lorsque l'expulsion a eu lieu avec violence et armes. Ordonner au défendeur de rétablir le demandeur dans un immeuble alors même que le défendeur en a été expulsé lui-même avec violence par le demandeur en personne, ou que celui-ci a possédé à l'insu du défendeur, ou à titre précaire, n'est-ce pas déclarer précisément que le défendeur est obligé de restituer dans tous les cas, même à celui qui ne possédait pas en réalité? Dire que le défendeur se soumettra à l'interdit, malgré tout, n'est-ce pas décider aussi que, le fait de la violence prouvé, le demandeur obtiendra fatalement gain de cause? Qu'on ne prétende pas que la possession existe, quel que soit le vice dont elle ait été entachée. La conséquence de cette manière de voir serait de placer dans une situation meilleure celui qui posséderait même par suite de violences, que celui qui ne posséderait pas du tout. Détenir un immeuble *vi, clam, precario ab adversario,* n'est pas posséder, et dans le cas de la *vis quotidiana,* une possession reposant sur une origine aussi peu légitime n'était point suffisante pour obtenir la réintégration.

L'interdit *unde vi* ordinaire était donné seulement pour faire recouvrer une possession perdue. Il ne devait donc sortir son effet qu'à la condition que la possession existât. Aussi cet interdit *recuperandæ possessionis*, admettait-il des exceptions. Elles étaient au nombre de trois. La possession *vi, clam, precario*, n'est qu'une simple détention, une possession apparente tout au plus, et, puisqu'elle est insuffisante, dans le cas de la *vis quotidiana*, elle ne saurait suffire dans le cas de la *vis armata*, ou il faudrait alors admettre que l'idée de la possession varie suivant les hypothèses où se place le législateur.

En résumé, si l'interdit *unde vi armata* ne permet aucune exception, c'est que le préteur a laissé de côté la question de possession, pour ne viser que le fait de violence.

Justinien a supprimé, avons-nous déjà vu, toute différence entre la *vis quotidiana* et la *vis armata;* dans les deux cas, la reintégration est obligatoire sans exception. Il faut reconnaître dans cette confusion le développement du droit déjà en vigueur à l'époque de Cicéron. Le législateur réprime rigoureusement tout ce qui peut amener des désordres. Il est évident qu'il s'agit dans les Institutes de cet *interdictum proprium*, dont parle Gaius, et non de l'ancien interdit *unde vi*, quoique le texte rappelle seulement ce dernier, puisque ce sont les dispositions du premier qui ont été adoptées.

En droit strict, Cécina n'a donc pas à prouver qu'il était possesseur. Cicéron est prêt cependant à faire cette démonstration.

V

CÉCINA A POSSÉDÉ

Le passage, où Cicéron établissait que Cécina avait possédé, ne nous est pas parvenu. La lacune ne doit pas être considérable. Dans la pensée de l'avocat, ce point était secondaire ; il devait donc être bref et se contenter d'énumérer quelques faits.

Pison avait reconnu à Césennia un simple droit d'usufruit, suffisant pour expliquer la location du fonds fulcinien consentie par elle pendant quatre ans. Mais Ebutius aurait eu, en même temps, la nue propriété. Sans doute, soutenait Cicéron, Césennia a hérité de l'usufruit par testament de son premier mari, mais elle a acquis en outre la nue propriété, quand elle a chargé Ebutius d'acheter pour elle le fonds fulcinien. Pendant toute sa vie, elle a été considérée comme propriétaire et, après sa mort, le fermier convaincu qu'elle avait transmis à Cécina une propriété pleine et entière, est resté; le bail a continué. Si Césennia n'avait été qu'usufruitière, son droit se serait éteint avec elle. Mais il n'en était pas ainsi; personne ne le pensait.

Le fermier a rendu ses comptes à Cécina, comme à l'héritier de la propriétaire. Cicéron voit dans ce fait, sinon une preuve, du moins une présomption que, lors du décès de Césennia, la transmission de la propriété s'est faite dans les mains de Cécina.

Nulle part, dans le plaidoyer de Cicéron, nous n'avons trouvé que l'avocat soutînt que Césennia possédait parce qu'elle était usufruitière [1]. Ce sont, au contraire, ses adversaires qui, pour nier la possession, répondaient : *possedit Cesennia propter usufructum*, elle n'a possédé que dans la

---

1. C'est le raisonnement que Savigny prête à Cicéron, parce qu'il n'a pas bien entendu tout ce discours. Si telle avait été l'argumentation de Cicéron, Hotman eût eu raison d'écrire : « quod aperte falsum et nugatorium est, vel eis qui primoribus labris jus civile degustarunt, facile intellectu est. » — V. le traité *de la possession* de Savigny; celui *de la propriété* de Pellat, p. 73. — Cf. Gaius, II, 93-94.

mesure d'un usufruit, en d'autres termes, elle n'a pas possédé réellement et véritablement. Car il est certain que celui qui ne possède que l'usufruit, ne possède pas : c'est un principe de droit.

Ce ne fut que postérieurement à Cicéron qu'on connut la quasi-possession et qu'on accorda aux quasi-possesseurs des actions *utiles* [1] par opposition aux actions *directes*, données seulement aux vrais possesseurs. En admettant d'ailleurs que Césennia eût eu une quasi-possession en qualité d'usufruitière, elle n'aurait pu transmettre ce droit à son héritier.

Cras voit dans ces mots : « deinde ipse Cæcina quum circuiret prædia, venit in istum fundum, rationes a colono accepit…, » l'acte par lequel Cécina s'établit comme possesseur. Ce serait dès lors une possession nouvelle succédant à la possession ancienne de Césennia [2], ou plutôt renouvelant cette possession, et l'héritier ayant saisi *naturaliter* la

1. Une action *utile* est une action étendue par le droit prétorien à des cas, auxquels, d'après le droit civil, elle ne s'appliquerait pas directement.

2. Quod per colonum possideo, heres meus nisi ipse nactus possessionem non poterit possidere : retinere enim animo possessionem possumus, apisci non possumus. Cum heredes instituti sumus, adita hereditate, omnia quidem jura ad nos transcunt: possessio tamen, nisi naturaliter comprehensa, ad nos non pertinet. Dig. XLI, 2, l. 39 § 5 et l. 23.

possession, ce droit aurait non pas survécu, mais reparu en sa personne. Cette idée est ingénieuse, mais nous ne croyons pas que ce soit la pensée de Cicéron. Césennia, pour lui, a toujours été légitime propriétaire et tous ses droits ont passé par héritage à Cécina.

Au fait que le bail avait continué venaient s'en ajouter deux autres : c'est Ebutius qui a fait à Cécina la *denuntiatio ;* c'est, au contraire, ce dernier qui a demandé la *deductio.* Ce sont encore des présomptions plutôt que des preuves, mais les présomptions se soutiennent l'une l'autre et produisent aussi la conviction dans l'esprit des juges.

On entendait par *denuntiatio* la déclaration de son droit, de ses prétentions, faite à son adversaire devant témoins [1]. Cras, d'après Hotman, avance que la *denuntiatio* est faite par le demandeur, c'est-à-dire, par celui qui ne possède pas [2].

Rien n'est moins établi. Ces *denuntiationes in foro* étaient très fréquentes et ressemblaient assez à nos significations : aucune des deux parties n'y entendait jouer un rôle plutôt qu'un autre. Il pou-

---

1. Gaius, iv, 18-20 ; Gell. x, 24, 9.

2. Op. cit. p. 33 : denunciare esse litem et judicium ostentare nisi petitioni satisfiat; petere autem ejus esse qui non possideat.

vait très bien se faire que, prévoyant un procès, on prît les devants et que, quoique possesseur, on fît le premier la *denuntiatio*. Ainsi dans le *pro Quinctio* [1], Alfénus déclare à Névius qu'il représente Quinctius, précisément pour l'empêcher de saisir les biens ; Quinctius cependant est défendeur et possesseur. On ne peut donc conclure avec certitude de ce qu'Ebutius a fait le premier la *denuntiatio*, qu'il ne possédât pas. Cependant, si l'on applique la règle, *cui bono res sit* [2], c'est celui qui ne possède pas actuellement, c'est le demandeur qui doit ordinairement commencer les hostilités, faire le premier la *denuntiatio*.

Si nous ne voyons pas dans cet acte d'Ebutius, la preuve manifeste que Cécina possédait, au moins y trouvons-nous un indice favorable pour le client de Cicéron. Mais Keller [3], contrairement à Hotman et à Cras, estime que la démarche d'Ebutius établit qu'il était possesseur.

Il possédait, dit-il, ayant acheté le fonds fulcinien pour lui et de ses deniers. Lorsqu'il faisait la *denuntiatio*, il affirmait sa possession et manifes-

---

1. *Pro Quinct.* vi, 27 et xvi, 66.
2. Règle Cassienne, V. *pro Mil.* xii, 32. Cette règle n'est pas plus absolue au civil qu'au criminel.
3. *Sem.* p. 366.

tait fortement la volonté de repousser, quant au fonds fulcinien, l'action *familiæ herciscundæ*, que lui avait intentée Cécina. Cette action ne peut être donnée entre cohéritiers que relativement aux choses qui sont à partager, parce qu'elles sont comprises dans la succession. Or le fonds fulcinien ne pouvait pas être compté parmi les biens de la défunte, d'après Ebutius du moins; il opposait donc une fin de non-recevoir. Il n'attaquait pas, il se défendait et, quoique défendeur et possesseur, il avait intérêt à faire le premier la *denuntiatio*[1].

Cette hypothèse ne serait admissible que si Ebutius avait acquis pour lui les terrains qu'il avait mandat d'acheter pour Césennia.

On peut faire pour la *deductio* la même observation que pour la *denuntiatio*. Cette formalité ne préjuge rien ; elle est destinée à amener les deux parties devant le magistrat. Peu importe d'être le *dejiciens*, ou le *dejectus*. C'est ce qu'on peut inférer de ces lignes : « Ad villam suam erat Tullius. Ap-

---

[1] Si quid contendis ex hereditate mihi tecum commune esse, quod ego ex alia causa meum proprium esse dico, id in familiæ herciscundæ judicium non venit... Quod pro emptore, vel pro donato, puta, coheres possidet, in familiæ herciscundæ judicium venire negat Pomponius. — Dig. xLv, 27; *pro famil. hercisc.* § 7 *frag. Pomp. et Paul.*

pellat Fabius ut, aut ipse Tullium deduceret, aut ab eo deduceretur. Dicit deducturum se Tullius, vadimonium Fabio Romam promissurum [1]. »

Nous voyons cependant que Cécina tenait à subir la *deductio* [2].

Cicéron en conclut qu'en jouant un rôle passif, Cécina avait voulu établir qu'Ebutius était venu le troubler dans sa possession, qu'il avait porté les premiers coups.

Keller pense, au contraire, qu'en demandant à être *dejectus*, Cécina reconnaissait qu'il ne possédait pas, car c'est le non-possesseur qui revendique contre le possesseur. Hypothèse pour hypothèse, je préfère celle de Cicéron, qui me paraît s'accorder mieux avec l'ensemble de la cause et le caractère des adversaires. Cicéron avait démontré rigoureusement que Cécina était dans les termes de l'interdit, *unde vi hominibus coactis armatisve*, et qu'il n'était pas indispensable d'avoir possédé, pour obtenir cet interdit. Allant plus loin, il établit rapidement que Cécina, d'ailleurs, a possédé. Si cette seconde partie paraît moins solide que la première, c'est qu'elle est incomplète. Cicéron

---

1. *Pro Tull.* viii, 20.
2. *Pro Cæc.* vii, 20 et xxxii, 95.

rappelait peut-être d'autres faits que ceux que nous connaissons. En tous cas, c'est avec raison qu'il a parlé de la *denuntiatio* et de la *deductio*, puisque Cécina pouvait tirer parti de ces deux circonstances contre Ebutius avec assez de vraisemblance.

VI

DROIT DE CITÉ[1]

Restait une accusation plus grave. Ce n'était pas seulement en ce qui concerne le fonds fulcinien, qu'Ebutius avait contesté les droits de Cécina; il avait aussi soutenu que celui-ci ne pouvait pas hériter, parce qu'il n'était pas citoyen.

Une loi de Sylla a enlevé aux habitants de Volaterres, patrie de Cécina, le droit de cité[2].

« Il ne saurait s'élever de droit contre le droit, » répond Cicéron. La loi de Sylla, qu'on invoque, rappelle elle-même ce principe: « Si quid jus non esset rogarier, ejus ea lege nihilum rogatum, — si

1. Voir notre étude sur le *pro Balbo* Paris. Thorin. 1886. —
2. Cic. *pro dom.* 29 et 3o; *pro Balb.* passim.

dans cette loi quelque chose est contraire au droit, la loi sera considérée comme non avenue sur ce point [1]. »

En effet la loi a des limites; il y a des choses que le peuple ne peut ordonner ou défendre. Devrait-on par exemple, obéir à la loi qui ferait de Cicéron l'esclave de Pison, ou réciproquement? Non. Personne ne peut être privé de la liberté d'une manière arbitraire. Il en est de même du droit de cité, si intimement lié au droit d'être libre que, sur certains points, il en est inséparable. Qui pourrait être libre, d'après le droit des Quirites, s'il n'était d'abord au nombre des Quirites? Le droit de cité est sacré comme la liberté; une fois acquis, ce droit ne peut être perdu, suivant le caprice d'un dictateur.

Sous Sylla lui-même, Cicéron a fait décider contre Cottaque le droit de cité n'avait pu être enlevé aux habitants d'Arretium. Une loi peut accorder à une ville, à un peuple, le droit de cité, mais, après que ce droit a été octroyé, il ne peut être retiré.

Il semble que parfois la loi prononce la dé-

---

1. C'était la formule qui accompagnait ordinairement la promulgation des lois.

chéance du droit de cité. Il n'y a là qu'une apparence.

Ceux qui partent pour les colonies latines, sont, il est vrai, dépouillés du droit de cité. Mais ils le veulent bien. C'est, pour se soustraire à une peine, qu'ils acceptent de quitter Rome.

Le citoyen, livré par les féciaux, ne perd le droit de cité, que si l'ennemi le reçoit. Sinon, comme il est arrivé pour Mancinus, il reste citoyen [1].

Quand le peuple vend celui qui s'est soustrait au service militaire, il ne lui reprend pas la liberté et le droit de cité : le lâche est un esclave.

On vend encore l'homme qui ne s'est pas fait inscrire sur les registres du cens. Pourquoi? Parce qu'il est réputé s'être retranché lui-même du nombre des citoyens, avoir abdiqué son titre de citoyen. Si l'inscription au cens est un des modes de l'affranchissement, la non-inscription, conséquence d'un refus ou d'une négligence, fait tomber l'homme libre aussi bas que l'esclave.

L'exil n'est pas compris au nombre des peines [2].

1. Cic. *Top.* VIII.

2. Id autem ut esset faciendum, non ademptione civitatis, sed tecti et aquæ et ignis interdictione faciebant. *Pro dom.* xxx, 78.

Ceux qui ont été condamnés au dernier supplice s'exilent d'eux-mêmes. Beaucoup cependant préfèrent la mort à l'exil. Mais l'exilé ne perd le droit de cité romaine qu'autant qu'il a été adopté par une autre cité, qui possède le *jus exilii*, parce que, d'après le droit romain, on ne peut être citoyen de deux villes en même temps.

Cette manière d'expliquer la privation du droit de cité, est quelque peu subtile, mais il y a de la grandeur dans cette conception.

La loi ne fait sortir personne de la cité; l'abdication est volontaire [1]. Sylla ne pouvait donc pas faire décider par une loi que les habitants de Volaterres ne seraient plus citoyens romains. Quoique nouveaux [2], ils étaient citoyens au même titre que les anciens, que les patriciens eux-mêmes.

En supposant que la loi n'eût pas été révolu-

---

1. Hoc juris a majoribus proditum est ut nemo aut libertatem, aut civitatem possit amittere, nisi ipse auctor factus sit. *Pro domo*, loc. cit.

A l'époque de Cicéron, la liberté et le droit de cité ne se séparent pas; on ne connaît pas encore la *minor capitis deminutio*. Plus tard, les jurisconsultes reconnurent que la déportation (peine qui avait remplacé l'interdiction de l'eau et du feu) faisait perdre au condamné le droit de cité, mais non la liberté. — Cf. Gaius, 1, 128; *Instit.* 1, 12, 1; et 16, 2. Horace, *Od.* iii, 5, 41.

2. On entendait par nouveaux, les citoyens entrés dans la cité romaine après la guerre sociale.

tionnaire, Sylla n'avait entendu priver les citoyens de Volaterres que de leurs droits politiques et non de leurs droits civils. En effet, le texte même de la loi contient une proposition, où le *jus commercii* est laissé à Volaterres. Or le *jus commercii* c'est le droit de s'obliger juridiquement dans les contrats et d'hériter, *nexa et hereditates*. Lors même donc que l'acte de Sylla devrait être respecté, Cécina n'en serait pas moins l'héritier de Césennia.

Le droit de cité était plus ou moins étendu. En général, Rome n'accordait le *jus suffragii* qu'aux villes les plus fidèles, à celles qui, après avoir été vaincues, avaient ensuite adopté sa politique et l'avaient aidée dans ses conquêtes.

Volaterres était sans doute, *optimo jure*, c'est-à-dire qu'elle jouissait des prérogatives les plus larges du droit de cité. Sylla, pour punir ses habitants de lui avoir résisté, décréta que désormais ils seraient dans la même situation que celle où se trouvaient les habitants d'Ariminium, avant la loi Julia de 663, qui donna aux Latins le droit de cité. Ariminium avait été au nombre des douze colonies privilégiées, dont les citoyens pouvaient hériter de citoyens romains. Il est donc évident

que Volaterres avait conservé le *jus commercii* [1].
Dans ces conditions, on ne voit pas comment la
qualité d'héritier et de citoyen pouvait être contestée à Cécina par Ebutius. Celui-ci n'avait-il pas,
dès le début, reconnu que Cécina était citoyen,
puisqu'il avait accepté la *sponsio*, forme d'engagement spéciale aux Romains [2]? Il n'y avait là probablement qu'une mauvaise chicane de la part
d'un adversaire à bout d'arguments.

1. Jubet eodem jure esse quo fuerint Ariminenses; quos quis ignorat
duodecim coloniarum fuisse et a civibus romanis hereditates capere
potuisse. — *Pro Cæc.* xxxv, 102. — Quelles étaient ces douze villes?
On ne saurait les nommer exactement. On a proposé de lire *duodevi-
ginti*. En effet, en 543, sur trente colonies, dix-huit seulement fourni-
rent les contingents demandés pour combattre les Carthaginois en Sicile et le sénat accorda à ces colonies les plus grands honneurs. Ariminium est citée parmi les fidèles. Nous ne savons en quoi consistaient
précisément les avantages octroyés par le sénat. Quant à Volaterres,
elle se distingue, en 547, parmi les villes qui donnèrent généreusement
à Scipion tout ce qui était nécessaire à la flotte qui allait transporter
en Afrique le futur vainqueur d'Annibal. — Liv. xxvii, 9 et 10; xxviii,
45; xxix, 15.

La loi de Sylla ne fut pas adoptée : Volaterranis, quum etiam tunc
essent in armis, L. Sulla victor, re publica recuperata, comitiis centu-
riatis civitatem eripere non potuit, hodieque Volaterrani non modo
cives, sed etiam optimi cives fruuntur nobiscum hac civitate. *Pro domo,*
xxx, 79.

Cicéron avait voué une affection particulière à cette petite ville
d'Etrurie. Il empêcha qu'on partageât ses terres entre les soldats de
Sylla. Il fut toujours le protecteur de cette cité et, sur la fin de sa vie
(octobre 709), il la recommandait encore à la bienveillance d'un lieute·
nant de César, Valérius Orca. *Ad Att.* i, 19, 4 et *ad Famil.* xiii, 4.

2. Gaius, iii, 92.

VII

Il nous faut conclure. Dans ce procès, quelques points resteront obscurs. En définitive, Ebutius avait-il acquis pour lui, ou pour Césennia, le fonds fulcinien ? C'est ce qu'en l'absence de preuves matérielles, on ne pouvait parfaitement établir. Mais, sans parler des présomptions nombreuses qui militent pour Cécina, il y a un fait, mis hors de doute par les débats, qui devait faire pencher la balance de son côté. Ebutius avait usé de violences contre Cécina : il ne le niait pas. Pourquoi avait-il ainsi compromis une bonne cause et ne s'était-il pas simplement soumis à la *deductio ?* L'explication était difficile. Il alléguait seulement qu'il avait cherché à prévenir une attaque de la part de son adversaire. L'acte d'Ebutius n'en restait pas moins illégal et, si les juges ont respecté les termes de l'interdit, il n'est pas douteux qu'il ait été condamné.

Relativement à la question de propriété, on peut se demander pour quel motif Ebutius, mandataire de Césennia, aurait acheté pour lui-même le fonds fulcinien. Il ne pouvait en acquérir que la nue-propriété et l'usufruit de Césennia devait, selon toute probabilité se prolonger assez longtemps, puisqu'elle n'était pas très âgée et qu'elle se remariait.

On supposera peut-être qu'Ebutius fut obligé de garder pour lui une acquisition qu'il avait d'abord faite pour le compte d'une autre personne, parce que Césennia se refusa à rembourser le prix d'achat, le trouvant trop élevé. Mais Ebutius avait contre Césennia l'*actio mandati contraria* pour la contraindre à s'acquitter envers lui. Il n'y avait donc pour lui aucune nécessité d'acquérir le fonds fulcinien.

Au contraire, Césennia avait tout intérêt à racheter la nue-propriété du fonds, dont elle avait déjà l'usufruit. De plus, il est présumable que, si les rapports entre Césennia et Ebutius avaient été aussi tendus qu'on veut bien le dire, elle n'aurait pas, à sa mort, laissé un souvenir à Ebutius. C'est pour Césennia qu'Ebutius s'est rendu adjudicataire du fonds fulcinien et c'est pour reconnaître ce service et d'autres, qu'elle n'oublie pas son mandataire dans son testament. Ebutius, mécontent, s'attendant à un legs plus considérable, s'ingénie, après le décès de Césennia, à susciter des difficultés à Cécina, dans l'espoir d'intimider celui-ci et d'obtenir une transaction avantageuse [1].

Cicéron soutenait donc la bonne cause. Il est certain qu'il gagna son procès. En effet, dans plusieurs lettres, que lui adresse Cécina, on voit celui-ci revendiquer avec orgueil et reconnaissance le titre de client de Cicéron [2]. Cécina, ainsi que nous le montre cette correspondance, était un homme timide, contre lequel les manœuvres d'Ebutius auraient pu réussir, sans le savoir et l'éloquence de son défenseur [3].

Dans cette plaidoirie, Cicéron apporte une

1. L'affranchi Philotimus joua le même rôle auprès de Terentia, femme de Cicéron. V. *ad Att.* VII, 1, 3 ; XI, 2 ; XI, 24 ; *ad famil.* IV, 14.

2. V. *ad famil.* VI, 5, 6, 7, 8, 9 et XIII, 66. Ces lettres sont de 708 et le procès de 685. Je pense que ces épîtres sont bien de l'adversaire d'Ebutius, et non de son fils. — V. Drumann, t. I, p. 335.

3. Il déplut, un jour, à César par un libelle assez méchant et fut obligé de s'exiler. Il demanda avec instance son rappel et Cicéron, qui n'avait pas oublié son client, s'y employa avec beaucoup de zèle.

connaissance profonde du droit. Il discute en maître les termes du texte dont on veut se servir contre lui. Il prouve ensuite, avec finesse, que la lettre et le sens de la loi sont en faveur de la cause dont il s'est chargé. Il saisit enfin l'occasion que lui fournit Pison de sortir d'une argumentation pleine d'intérêt, mais un peu trop technique, pour s'élever à de nobles considérations sur la liberté et le droit de cité. Son éloquence s'épanche alors librement sur des sujets qu'il affectionne. Discussions minutieuses, mouvements oratoires, plaisanterie fine, pathétique, Cicéron met tout en œuvre pour faire triompher son client et nous donne ainsi une haute idée de ce que devaient être, dans l'antiquité romaine, les débats judiciaires. Mais il y a, dans ce discours, plus que de la science, de l'habileté, de l'éloquence ; un amour véritable pour la justice et pour le droit s'y révèle à toutes les pages et il résulte de la lecture de ce plaidoyer une émotion pénétrante qui fait que Cicéron gagne encore sa cause devant la postérité, comme il a dû la gagner devant les récupérateurs.

IV

PLAIDOYER POUR M. TULLIUS

Action de damno injuria dato.

I

EXPOSÉ DES FAITS.

Le discours pour M. Tullius qui est du même temps que le plaidoyer pour A. Cécina, offre avec celui-ci une grande ressemblance [1]. Tous deux, en effet, roulent sur la même question : l'emploi illégal de la force.

A cette époque de guerres civiles, il semble que les citoyens ne pouvaient plus déposer les armes ; ils en appelaient volontiers à la force pour trancher leurs différends particuliers Les magistrats s'efforçaient vainement de réprimer les troubles, en édictant des peines plus sévères contre ceux qui prétendaient se faire justice eux-mêmes,

1. De 683, suivant Beier et Huschke.

L'exemple venu d'en haut suscitait de nombreux imitateurs. Par suite de l'extrême confusion qui régnait dans les tribunaux et de la facilité de corrompre et témoins et juges, les coupables échappaient au châtiment. Le peuple écoutait les plaidoiries, applaudissait les avocats, mais se corrigeait peu.

Cicéron paraît s'être chargé volontiers de ces causes, qu'il s'agît de violences publiques, ou de violences privées. Nous n'avons que quelques fragments du *pro Tullio*, qui, s'il nous était arrivé moins mutilé, aurait sans doute ajouté beaucoup aux renseignements que nous a déjà fournis le *pro Cæcina* sur ces intéressantes questions [1]. Voici comment les faits peuvent être rétablis :

Fabius avait acheté à Thurium, en société avec Cn. Acerronius, un fonds voisin de la propriété de M. Tullius. Comme il avait payé ce domaine trop cher, qu'il avait non pas placé, mais englouti son argent [2], il ne tarda pas à vouloir s'en dé-

---

1. Ces fragments ont été réédités par Keller, après Angelo Mai, Orelli, Peyron, Huschke, d'après les manuscrits de la bibliothèque Ambroisienne et de la bibliothèque de Turin. C'est de cette dernière édition que dérivent les autres, notamment celle de R. Klotz, dont nous nous servons.

2. In prædio pecuniam non posuit, sed abjecit.

faire et proposa à son complaisant associé de l'acquérir. Celui-ci accepte. En réalité, il croyait le domaine plus étendu ; il y comprenait un terrain, de deux cents arpents, appelé *centuria populiana*[1]. Mais ce champ appartenait à un voisin, M. Tullius. Le vendeur se garda cependant de détromper l'acquéreur. M. Tullius demanda que la *demonstratio finium* eût lieu en sa présence[2]. Fabius passa outre.

La centurie populienne étant occupée par les esclaves de Tullius, Fabius n'en fit pas remise à Acerronius[3]. Fabius, en sa qualité de vendeur, devait livrer à l'acheteur la totalité de la propriété, ou lui donner une compensation pour ce

1. Le nombre *de jugera* compris dans une centurie était indéterminé ; primitivement il était de cent ; il fut ensuite de deux cents. La centurie populienne était ainsi nommée de son ancien propriétaire.

2. On entendait par *fines* un espace de cinq pieds entre deux héritages ruraux qui devait rester libre, et qui n'était pas susceptible d'être acquis par *usucapion*. V. Cic. *de leg.* 1, 21, 55 et *Topic.* iv, 23. *Demonstrare fines*, c'était déterminer les limites. C'était aussi un moyen d'opérer la *tradition*, c'est-à-dire de faire passer la propriété du fonds du vendeur à l'acquéreur. Tullius avait le droit d'intervenir, vu l'intérêt qu'il y avait pour lui à ce que la délimitation fût exacte. Il pouvait même intenter une action pour contraindre son voisin à reconnaître avec lui où commençaient et finissaient les deux domaines limitrophes, l'action en bornage, *actio finium regundorum*, action mixte, tant *in rem* que *in personam*. — V. Instit. iv, 6, 20 ; Dig. x, 1. 1. 4, § 3. Cf. C. C. art. 646.

3. Neque tamen hanc centuriam populianam vacuam tradidit.

qu'il faudrait en retrancher [1]. Dans l'impossibilité de remplir ses obligations, Fabius eut recours à la violence. Il prépare une troupe d'esclaves, il l'arme et commence son siège. Apprenant que Tullius est à Thurium, il va le trouver et le somme de subir la *deductio* ou de la lui faire subir. Tullius répond qu'il veut bien faire subir la *deductio* à Fabius et qu'il donnera caution de se trouver à Rome au jour convenu : *dicit deducturum se Tullius, vadimonium Fabio Romam promissurum.* Mais Fabius n'avait aucune envie d'employer les voies légales. La nuit suivante, les esclaves de Fabius se jettent sur ceux de Tullius et brûlent leurs habitations. Un seul s'échappe et, tout sanglant, vient apporter la nouvelle à son maître.

Tullius fait constater par ses amis l'agression et demande réparation du dommage. Voici les termes de la formule délivrée au plaignant par le préteur Métellus : *Quantæ pecuniæ paret dolo malo familiæ P. Fabius vi hominibus armatis coactisve damnum datum esse M. Tullio, tantæ pecuniæ quadruplum, recuperatores Fabium Tullio condemnanto, s. n. p. a* [1].

---

1. Il était garant de l'éviction.

2. V. Keller, *Sem.* p. 595. A l'occasion du *pro Roscio comœdo*, il a

II

Le *pro Tullio,* de même que le *pro Cæcina* fut prononcé devant des récupérateurs. Il semble donc que les *judïcia de vi* se déroulaient devant cette juridiction.

Les personnages du procès sont inconnus. On a supposé que M. Tullius était un affranchi de Cicéron.

été parlé d'un procès analogue. Roscius avait d'abord intenté à Q. Flavius l'action *de damno injuria dato.* Il transigea ensuite : *lite contestata, judicio damni injuria constituto, cum Flavio decidit.* V. *pro Q. Rosc.* XI, 32.

III

DE LA RÉPARATION CIVILE. — LEX AQUILIA. — EDIT DE LUCULLUS. — ACTION VI BONORUM RAPTORUM. — JUDICIUM VI HOMINIBUS COACTIS ARMATISVE.

Le but de Tullius est différent du but poursuivi par Cécina. Celui-ci demande à recouvrer la possession du domaine litigieux; celui-là réclame des dommages-intérêts pour la destruction de sa ferme et le meurtre de ses esclaves.

La loi des douze tables avait consacré le principe du talion; mais elle admettait aussi des compensations pécuniaires. Elle punissait non-seulement l'intention coupable, mais encore l'imprudence. « Celui qui a incendié une maison ou un tas de blé près d'une maison, sera enchaîné, battu de verges et brûlé vif, en supposant la préméditation; s'il n'y a eu qu'imprudence de sa part, il devra réparer le dommage, ou, s'il ne peut, il sera châtié légèrement [1]. » En 468, un plébiscite, connu dans l'histoire sous le nom de *Lex Aquilia*, réglementa les réparations pécuniaires à accorder dans le cas de dommage causé à tort, *de damno injuria dato*. Pour la mort d'un esclave, c'était la plus haute valeur de cet esclave dans l'année [2].

En 678, le préteur Lucullus éleva la peine au quadruple. Voici les motifs de cette sévérité :

« On voyait, dit Cicéron [3], depuis quelque temps, des troupes d'esclaves armés se répandre dans les champs et dans les pacages et y commettre des meurtres. Ces excès passés en habitude compro-

---

1. Qui ædes arcervumve frumenti juxta domum combusserit, vinctus, verberatus, igni necari jubetur : si modo sciens prudensque commiserit; si vero casu, id est, imprudentia, aut noxium sarcire jubetur, aut, si minus idoneus est, levius castigatur. Cf. Instit. iv, 4, 7; Dig. xlvii, 9; etc. V. C. C. art. 1382 et suiv.

2. Le propriétaire avait, en outre, une action criminelle contre l'auteur du délit. Pour le bris, la détérioration d'un objet quelconque, la peine était du prix le plus élevé de cet objet dans les trente derniers jours. V. Gaius, iv, 20, et suiv.; Paul. *Sent.* v, 4, 23; Instit. iv, 3, 4, 8, 11. Cf. la mort de Panurge dans le *pro Rosc. com.*

3. *Pro Tull.* 8-12.

mettaient les intérêts privés et tout l'État. M. Lucullus, préteur d'une haute sagesse et d'une grande équité, arrêta le premier les termes de cette formule d'action. Il se proposait d'amener les citoyens à retenir leurs esclaves, à ne plus chercher à causer aucun dommage à personne, en s'armant, mais à se défendre plutôt par les lois que par la force, lorsqu'ils seraient attaqués. Il connaissait bien la loi Aquilia sur le dommage ; mais il n'ignorait pas que, chez nos ancêtres, les fortunes et, par suite, les jalousies étaient moins grandes. Les esclaves moins nombreux étaient aisément contenus par la crainte ; les meurtres rares paraissaient odieux, impies. Le besoin d'une action particulière pour punir les violences à main armée, en réunion, ne se faisait pas sentir alors. Faire une loi, inventer une procédure pour un fait qui n'est pas habituel, c'est moins en empêcher le retour que pousser l'esprit à penser que les actes de cette nature sont possibles. Mais, à notre époque, au milieu de guerres privées et perpétuelles, tandis que les citoyens en sont arrivés à avoir, sans scrupule, recours aux armes, le préteur a cru qu'il était nécessaire de donner une action en bloc contre la *famille*, puisque c'était elle qui était accusée tout entière, de soumettre le jugement à des récupérateurs, pour que la procédure fût plus expéditive, d'établir des peines plus rigoureuses, afin de réprimer l'audace par la crainte, en dernier lieu, de supprimer ces mots, *dommage causé à tort,* derrière lesquels les auteurs de délits pouvaient encore se retrancher [1]. »

Nous traduisons tout ce passage, modèle de style net et précis, digne d'un vrai jurisconsulte, parce qu'il nous montre bien comment les lois se transformaient à Rome.

L'édit de Lucullus ne remplaçait pas la loi

1. Nam quum multæ familiæ dicerentur in agris longinquis et pascuis esse cædesque facere, quumque ea consuetudo non solum ad res privatas, sed ad summam rempublicam pertinere videretur, M. Lucullus qui summa æquitate et sapientia jus dixit, primus hoc judicium composuit et id spectavit, ut omnes ita familias suas continerent, ut non modo armati damnum nemini darent, verum etiam lacessiti jure se potius quam armis defenderent. Et quum sciret de damno esse legem Aquiliam, tamen hoc ita existimavit, apud majores nostros, quum et res et cupiditates minores essent, et familiæ non magnæ magno metu continerentur, ut perraro fieret ut homo occideretur idque nefarium ac singulare facinus putaretur, nihil opus judicio de vi coactis armatisque hominibus : quod enim usu non veniebat, de eo si quis legem aut judicium constitueret, non tam prohibere videretur, quam admonere. His temporibus quum ex bello diuturno atque domestico, res in eam consuetudinem venisset ut homines minore religione armis uterentur, necesse putavit esse et in universam familiam judicium dare, quod a familia factum diceretur, et recuperatores dare, ut quam primum res judicaretur, et pœnam graviorem constituere ut metu comprimeretur audacia et illam latebram tollere: *damnum injuria.*

Aquilia : il s'en inspirait; il aggravait la peine, pour le cas où le délit avait été commis en réunion et avec des armes. L'action donnée par le préteur était *concepta in familiam*, c'est-à-dire, que le demandeur n'avait pas à désigner les personnes qui directement étaient les auteurs de l'acte criminel; son accusation était générale, elle atteignait tous les gens de celui qui était responsable du dommage.

D'autre part, c'était l'intention de nuire *dolus malus*, qui était délictueuse. S'il n'y avait pas préméditation, le cas rentrait dans ceux prévus par la loi Aquilia.

L'action accordée par le préteur devint plus tard l'action *vi bonorum raptorum* [1]. La condamnation était égale : 1° à la valeur réelle de l'objet perdu; 2° au triple de cette valeur, à titre d'in-

---

1. V. Gaius, III, 209; Instit. IV, 2 ; Dig. XLVIII, 8 : Prætor ait : si cui dolo malo hominibus coactis damni quid factum esse dicetur, sive cujus bona rapta esse dicentur, in eum qui id fecisse dicetur judicium dabo. Item si servus fecisse dicetur, in dominum judicium noxale dabo. Ce fragment d'Ulpien est une réminiscence de l'édit de Lucullus. La rédaction diffère peu : les mots *bona rapta* sont ajoutés; les mots *vi*, *familiæ*, *armatisve* ont été retranchés. Les mots *bona rapta*, qui indiquent le vol avec violence, ne disent pas plus que la vieille expression, *vi damnum datum*, puisque le vol, au point de vue du dommage pécuniaire, rentre dans la classe des *damna*, des torts qu'on doit réparer. Enfin le mot *coactis* désigne suffisamment une réunion pour se livrer à des actes de violence.

demnité. C'est pour cela que cette action était dite au quadruple. Elle était de plus annale, c'est-à-dire qu'elle devait être intentée dans l'année à partir du jour du délit. Si la poursuite avait lieu plus tard, la condamnation n'était plus qu'au simple : on revenait à la pénalité établie par la loi Aquilia.

L'action *vi bonorum raptorum* était enfin noxale. Un fils, un esclave est-il l'auteur du délit, c'est contre le père, contre le maître que l'action est donnée. Le défendeur avait la faculté, ou de payer le montant de la condamnation, ou d'abandonner au demandeur la personne qui avait commis le délit. Cela s'appelait l'abandon noxal et l'on entendait par *noxa*, le corps du délit, *corpus quod nocuit*. C'est ainsi que le peuple romain croyait échapper à toute responsabilité, quand il abandonnait aux ennemis le général qui avait engagé à tort sa parole et avait conclu un traité qui lui paraissait honteux ou simplement désavantageux [1].

A l'époque d'Ulpien, l'abandon noxal était autorisé dans l'action *vi bonorum raptorum*. En était-il ainsi au temps de Cicéron? Il est probable que non. Le but du préteur n'aurait pas été

1. Instit. IV, 8, 7; Liv. IX, 10.

atteint. Il avait voulu que le maître fût toujours obligé de réparer le dommage causé par lui, ou par les personnes soumises à sa puissance. Autrement, il eût été trop facile de faire commettre le délit par quelques malheureux et puis de les laisser entre les mains du plaignant, au moment où il aurait demandé réparation.

Tullius pouvait intenter aussi une action publique, en vertu des lois Plautia *de vi* [1], Cornelia *de sicariis* [2], et Julia *de vi publica et privata* [3]. On admet généralement que l'action civile et l'action publique étaient indépendantes. On ne connaissait pas encore la règle : *le criminel tient le civil en état*. Le principe était que la victime obtînt la réparation complète accordée par la loi et que son action ne fût limitée que par les exceptions de la *plus-petitio* et *non bis in idem*.

---

1. De 665, sous le tribunat de M. Plautius Silvanus et de Lutatius Catulus.

2. De 673, sous la dictature de Sylla.

3. Date incertaine.

IV

DOLUS MALUS. — INJURIA.

Dans son exorde, Cicéron rappelle que la cause
a déjà été plaidée. Dans les audiences précéden-
tes, l'avocat de Fabius, L. Quinctius, a été d'une
prolixité telle qu'il a à peine laissé à son adversaire le temps de parler et aux juges, le temps de
délibérer. La nuit seule a pu arrêter ce flux de
paroles [1]. Ce n'est pas le seul reproche que Cicéron fait à Quinctius. En effet, à l'occasion d'un
procès purement civil, l'avocat de Fabius est allé
fouiller la vie de Tullius, pour porter contre lui
des accusations graves, quoiqu'elles n'eussent que

---

1. Namque antea non defensionis tuæ modus, sed nox tibi finem dicendi fecit. — Sur la durée des plaidoiries, v. plus haut. p. 102 et suiv.

peu de rapport avec le débat actuel. Cicéron se plaint, avec raison, de cette manière de plaider. Mais il avait lui-même plus d'une fois abusé de la liberté de parole accordée volontiers à l'avocat et il avait trop souvent fait bon marché de la réputation de ses adversaires, des témoins et des juges, pour qu'on s'arrête longtemps à de semblables griefs [1]. Ce qu'il faut remarquer plutôt c'est l'habileté de l'avocat à tirer parti de toutes les circonstances : Quinctius a été long, c'est qu'il avait une mauvaise cause; une bonne se plaide en quelques mots. Il a parlé de la vie privée de Tullius : c'est qu'il n'avait rien à dire sur le fond du débat. Cicéron profite donc, avec esprit, de la prolixité et de l'imprudence de Quinctius. Il montre qu'il pourrait, s'il voulait, ne pas épargner, lui non plus, Fabius; mais il annonce qu'il n'usera qu'avec modération du droit de représailles, se donnant ainsi, dès le début, les apparences de la générosité et faisant présager que sa cause est meilleure, puisqu'il n'aura pas recours à de mauvais arguments et qu'il ne sortira pas du sujet.

---

1. Cicéron parle ailleurs en termes peu flatteurs de Quinctius; son insolence était insupportable, c'était une sorte de démagogue, *aptissimus turbulentis contionibus*. V. *Brut.* LXIII, 223; *pro Cluent.* passim.

Après cet exorde fort habile, Cicéron expose les faits. Nous les connaissons.

Fabius admettait la narration de son adversaire. Quelle pouvait être alors sa défense ?

Nous ne possédons pas le discours que Quinctius a prononcé pour lui, mais nous avons celui que Keller a composé sur le même sujet. Le nouvel avocat de Fabius s'est livré au plaisir de réfuter Cicéron par Cicéron même, ayant cet avantage sur Quinctius, de connaître le *pro Milone*.

Suivant Keller, Fabius opposait à Tullius le droit de légitime défense[1]. C'était Milon plaidant contre Clodius. Mais pour soutenir ce système, le défenseur modifie nécessairement les circonstances du procès : Fabius est la victime, Tullius, le provocateur.

Il est impossible d'accepter la discussion sur ce terrain.

D'ailleurs telle n'avait pas dû être l'argumentation de Quinctius. Autant qu'on peut en juger

---

1. Est hæc, judices, non scripta, sed nata lex, quam non didicimus, accepimus, expressimus, ad quam non docti, sed facti, non instituti, sed imbuti sumus, ut, si vita nostra in aliquas insidias, si in vim et in tela latronum aut inimicorum incidisset, omnis honesta ratio esset expedienda salutis. Silent enim leges inter arma, nec se expectari jubent, quum ei qui expectare velit, ante injusta pœna luenda sit quam justa repetenda. *Pro Mil.* IV.

par la lecture du *pro Tullio,* l'avocat de Fabius avait seulement tenté de se servir, à son avantage, des mots *dolo malo,* contenus dans l'édit du préteur. Quinctius acceptait le récit de Cicéron, mais il voulait faire écarter la préméditation.

D'après Cicéron, les mots *dolo malo* ont été insérés dans l'intérêt du demandeur et non dans celui du défendeur, *ejus causa qui agit, non illius quicum agitur.* Le préteur veut punir non-seulement le fait matériel, mais l'intention coupable même. Pour que le maître soit condamné, il n'est pas nécessaire que le crime ait été commis directement par ses esclaves, il suffit qu'il l'ait été à leur instigation. Loin que Quinctius pût trouver dans les mots *dolo malo* un moyen de défense, Cicéron n'avait, pour obtenir la condamnation de Fabius, qu'à établir la violence *ou* le dol. Le préteur ne lui faisait pas une obligation de prouver l'une *et* l'autre. En ajoutant, *avec dol*, le magistrat n'a rendu que plus facile le tâche du demandeur. Soit qu'il démontre que le dommage a été causé par la *familia* elle-même, soit qu'il fasse voir qu'il résulte seulement de ses conseils et de ses manœuvres, il ne peut qu'obtenir gain de cause [1].

1. Ergo addito *dolo malo* actoris et petitoris fit causa copiosior. U-

D'ailleurs, continue Cicéron, fidèle à sa manière d'argumenter, dans l'espèce, à quoi bon distinguer? Il y a eu violence : dans la violence est contenu le dol, *in vi dolus malus inest*. La violence et l'intention de nuire ne se séparent pas. L'avocat qui soutient le contraire s'égare et verra sombrer son argumentation : il prend des récifs pour un port, *scopulo atque saxis pro portu stationeque utitur* [1].

Tous les éléments de culpabilité sont réunis ici : « Les esclaves forment un complot pour se jeter sur les gens de Tullius : il y a dol. Ils prennent les armes : il y a dol. Ils choisissent un moment favorable pour dresser dans l'ombre des embûches : il y a dol. Ils entrent par force dans une maison : dans la violence même est le dol. Ils massacrent des esclaves, détruisent une maison : sans une intention de nuire, on ne peut mettre à mort un homme ou causer volontairement un dommage quelconque. Si le dol est dans toutes

trum enim ostendere potest, sive eam ipsam familiam sibi damnum dedisse sive consilio et opera ejus familiæ factum esse, vincat necesse est. *Pro Tull.* 28; *Pro Cæc.* passim.

1. Nam in dolo malo volunt delitescere, in quo non modo, quum omnia ipsi fecerunt quæ latentur, verum etiam si per alios id fecissent, hærerent ac tenerentur. *Pro Tull.* 33.

les circonstances, il doit être dans l'action principale. On ne peut juger autrement [1]. »

Cette thèse nous paraît inattaquable : il y a dol
dans la préméditation, c'est-à-dire, dans la préparation de l'acte coupable, comme il y a dol
dans le fait lui-même ; le dol peut exister sans
l'acte, mais l'acte ne peut être accompli sans dol.

Quinctius niait qu'il pût y avoir dol de la part
de la *familia* tout entière, être collectif, abstrait,
indéterminé.

Ce n'était cependant pas impossible. Les esclaves de Fabius auraient pu servir d'intermédiaires
et préparer l'agression, qui aurait été ensuite
consommée par des esclaves étrangers. Dans ce
cas, il y aurait eu dol d'une *familia* et fait coupable d'une autre et l'action du plaignant aurait pu
s'exercer contre toutes les deux.

Dans la cause, la discussion était inutile. Il était
bien certain que les esclaves de Fabius avaient

---

1. Consilium capiunt, ut ad servos M. Tullii veniant : dolo malo faciunt. Arma capiunt : dolo malo faciunt. Tempus ad insidiandum atque celandum idoneum eligunt : dolo malo faciunt. Vi in tectum ir-
ruunt : in ipsa vi dolus est. Occidunt homines, tectum diruunt : nec
homo occidi nec consulto alteri damnum dari sine dolo malo potest.
Ergo si omnes partes sunt ejus modi ut in singulis dolus malus hæ-
reat, universam rem et totum facinus sine dolo malo factum judicabi-
tis ? — *Pro Tull.* 34.

directement envahi la centurie populienne, qu'ils avaient démoli la maison et massacré les esclaves. Il suffisait d'établir la faute, le dol d'un seul et le préteur en permettant que l'action fût *concepta in familiam*, avait voulu venir en aide au plaignant et non le gêner dans sa poursuite.

Revenant à l'idée de légitime défense et dénaturant sans doute les faits, Quinctius voulait prouver que la violence n'avait pas été exercée à tort, *injuria*.

Cicéron répond qu'il est question seulement du dommage. Le dommage existe, il doit être réparé. Les récupérateurs n'ont pas à se préoccuper de savoir si les esclaves de Tullius ont été massacrés à tort ou à raison, si sa ferme a été justement ou injustement détruite.

Quinctius a demandé instamment au préteur que le mot *injuria* fût inséré dans la formule. Il s'y est refusé. Vainement Fabius a-t-il tenté l'appel aux tribuns. Si les magistrats n'ont pas voulu faire cette addition, c'est qu'ils ont estimé qu'elle était inutile, vu que c'est toujours à tort qu'on démolit des maisons, qu'on dévaste des champs, qu'on se livre au meurtre et au pillage. Ils ont défendu toute discussion sur ce point : *eos qui ar-*

mis quam jure agere maluissent, de jure et injuria disputare noluerunt.

L'adversaire de Cicéron expliquait autrement l'opposition que Fabius avait rencontrée chez les magistrats. Le mot *injuria* était sous-entendu, disait-il ; c'est pour cela que le préteur et les tribuns n'avaient pas voulu l'ajouter dans la formule. Du moment que le dommage n'avait pas été causé à tort, l'interdit n'était pas applicable.

Pourquoi les magistrats n'auraient-ils pas accueilli la demande de Fabius, puisque le mot à insérer était déjà sous-entendu et que l'idée en était si nette qu'elle n'avait pas, au premier abord, besoin d'être exprimée plus formellement ? Le refus des tribuns s'explique encore. Nous avons vu en effet que, d'ordinaire, ils n'apportaient aucun changement aux formules délivrées par les préteurs. Mais on comprendrait moins que le préteur n'ait pas voulu recevoir la requête de Fabius. D'ailleurs, toujours dans la même hypothèse, pour quelle raison Fabius mettait-il tant d'insistance à faire modifier la formule dans un sens, qui était naturel, ordinaire ? Il est bien probable que sur ce point comme sur les précédents, l'argumentation de Quinctius était défectueuse.

Si le préteur s'était occupé seulement du dommage causé et non des circonstances graves dans lesquelles le fait se produit, il n'aurait pas apporté de modification à la loi Aquilia : la procédure eût été moins rigoureuse. Les parties auraient été renvoyées devant un juge et non devant des récupérateurs et la peine aurait été du simple contre celui qui avoue, du double contre celui qui nie. Enfin au mot *damnum* se joindrait le mot *injuria* [1]. C'est là toute la loi Aquilia, mais le préteur n'en a pas trouvé les dispositions suffisantes. Ce sont des motifs analogues qui ont fait naître l'interdit *unde vi hominibus coactis armatisve* à côté de l'interdit *unde vi* ordinaire. La fréquence des attaques à main armée a poussé les magistrats à réprimer plus durement les délits [2]. Le préteur n'admet pas qu'on puisse armer des esclaves, tuer des hommes inoffensifs impunément; il ne reconnaît pas au défendeur le droit de discuter la légalité de pareils actes. C'est ce qui explique que le mot *injuria* n'ait pas été écrit dans la formule et que le préteur n'ait pas voulu l'ajouter dans la suite.

1. Gaius, IV, 9; Instit. IV, 6, 19.

2. Cette comparaison entre l'interdit *unde vi hominibus coactis armatisve* et l'action *vi bonorum raptorum*, ressort naturellement du n° 45 et du n° 46 et de la lacune qui suit.

Pour démontrer qu'on pouvait quelquefois tuer justement, Quinctius rappelait la disposition de la loi des xii tables, suivant laquelle il est permis de mettre à mort le voleur qu'on surprend chez soi, le jour, avec des armes, et, la nuit, qu'il ait des armes ou non.

Cicéron retourne cet argument contre son adversaire. La vie d'un homme est chose très précieuse. En effet, les législateurs anciens n'ont autorisé les citoyens à mettre à mort un voleur que dans le cas, où il résisterait et chercherait à faire usage de ses armes. Autrement, dit la loi, *endoplorato*, appelez au secours, faites venir des voisins. Ainsi la loi protège même l'existence d'un voleur, bien loin de mépriser, en général, la vie humaine. Non-seulement elle punit l'homicide volontaire, mais encore, l'homicide par imprudence[1].

C'est en vain que Fabius et son avocat essayent de légitimer les faits. Les esclaves de Fabius sont

---

[1]. Dans l'origine, la peine n'était pas bien dure. L'auteur d'un homicide par imprudence devait sacrifier un bélier dans l'assemblée du peuple. C'était plutôt une purification qu'une expiation (*Lois de Numa* dans Giraud, *Nov. Ench.*, p. 3-4).

Cicéron ne se montra pas toujours aussi zélé défenseur de ces idées. Pour défendre Milon, il ira chercher ses arguments plus loin encore que Quinctius, jusque dans le meurtre de Camille par Horace victorieux, V. *pro Mil.* 3 — Cf. Gell. xi, 18 et xx, 1, 7. Cic. *Top.* xvii.

doublement coupables : et du meurtre des esclaves de Tullius et de la ruine de sa ferme. Lors
même que Tullius aurait élevé une construction
sur le fonds de Fabius, (ce qui n'est pas, d'ailleurs, ce qui est une pure invention de Quinctius),
Fabius n'avait pas le droit de démolir cette construction, en y pénétrant avec violence, à l'insu de
Tullius. En pareil cas, le préteur oblige toujours
le délinquant à reconstruire et à tout remettre en
état, nonobstant la question de propriété. Le magistrat accorde à la victime l'interdit *quod vi aut
clam,* interdit restitutoire [1]. A plus forte raison,
conclut justement Cicéron, si Fabius ne pouvait pas porter la main sur la ferme, il n'était
pas en droit de faire massacrer les esclaves, qui
étaient sur le fonds contesté.

Fabius, cependant, n'en convenait pas. Il cherchait des prétextes, des excuses. La provocation
était venue des esclaves de Tullius : ceux-ci
avaient incendié une ferme à Fabius, ils s'étaient
jetés les premiers sur la troupe de Fabius, ils
avaient, enfin, certainement comploté contre Fabius.

Cicéron répond spirituellement qu'on ne sau-

1. V. Gaius, IV, 142 ; Instit. IV, 15, 1 ; Dig. XLIII, 24

rait admettre ce nouveau droit qui consisterait à pouvoir attaquer ceux dont on redouterait une invasion, à commencer par tuer celui dont on craindrait les coups dans l'avenir. « Quis hoc statuit unquam aut cui concedi sine summo periculo potest, ut cum jure potuerit occidere, a quo metuisse se dicat ne ipse posterius occideretur ? »

Dans ce procès, de même que dans les précédents, il ne nous est pas possible de connaître la vérité entière sur les faits. Remarquons seulement que Fabius avait tout intérêt à dénaturer les événements ; c'était même son seul système de défense. Mécontent de voir qu'il ne pouvait livrer à l'acheteur la centurie populienne, sentant que son marché était compromis, il essaya par tous les moyens de s'emparer de ce terrain et il ne dut pas hésiter à avoir recours à la force. La vraisemblance de cette hypothèse est grande ; la narration de Cicéron est exacte ; Fabius était l'agresseur.

V

CONCLUSION

CONCLUSION.

Les quatré plaidoyers que nous venons d'étudier mettent en lumière la science juridique de
Cicéron. Après les avoir lus, il est difficile de ne
pas avouer qu'il y avait en lui, non-seulement un
orateur sans égal et un avocat habile, mais encore
un jurisconsulte consommé.

Dans le *pro Quinctio*, Cicéron critique la conduite de deux préteurs. Burriénus et Dolabella
ont tranché légèrement, en faveur de Névius, une
question grave, d'où dépendaient l'honneur et la
fortune de Quinctius. Le premier a autorisé la
saisie des biens d'une personne représentée ; le
second a forcé le client de Cicéron à faire une

sponsio avec Névius, à devenir demandeur, c'est-à-dire, à prouver d'abord qu'il ne devait rien à son adversaire, avant que celui-ci eût, comme il était naturel, établi l'existence d'une dette. Qu'on ne dise pas que la décision de Dolabella fut dictée par celle de Burriénus. La saisie légale n'avait pas eu lieu : le droit prétorien n'était pas applicable. On ne pouvait demander à posséder les biens du débiteur que lorsqu'il n'avait pas laissé de représentant : Alfénus avait pris en main les intérêts de Quinctius. On devait exiger la *satis-datio judicatum solvi*, seulement quand les biens du débiteur avaient été possédés, pendant trente jours, par le créancier, conformément à l'édit : il était démontré par les débats que Névius avait désobéi aux prescriptions du préteur, qu'il n'y avait pas eu, de sa part, possession légale. Les décrets des magistrats se justifiaient peu. Cicéron défendait les vrais principes du droit, en même temps qu'il parlait au nom du bon sens et de l'équité. Il est hors de doute que, dans ce procès, Cicéron fut meilleur jurisconsulte que Burriénus, Dolabella et Hortensius.

Le *pro Roscio* est peut-être plus savant encore. Cicéron définit nettement ce qu'est un *arbitrium* et ce qu'est un *judicium*; il fait saisir les dangers de la règle de la plus-pétition, lorsqu'on l'applique rigoureusement; enfin, c'est par ce discours que nous pouvons comprendre combien les droits et les devoirs des associés étaient différents de ce qu'ils sont aujourd'hui. Roscius était libre de transiger avec Flavius, et, après avoir indemnisé Fannius des frais qu'il avait pu faire relativement à la société, il ne lui devait plus rien. C'était, par conséquent, à tort que Fannius se prétendait créancier de Roscius pour une somme déterminée; il était imprudent de s'engager dans la procédure de la *condictio certi*, alors qu'il ne pouvait prouver que la somme réclamée par lui, avait été *data, expensa lata,* ou *stipulata,* en d'autres termes, qu'il existait une obligation réelle, littérale ou verbale. Toutes ces questions si intéressantes sont parfaitement élucidées par Cicéron, dont l'argumentation repose sur une doctrine sérieuse, incontestable.

Le *pro Cæcina* et le *pro Tullio* sont également des œuvres de science. Il fallait être versé dans la connaissance des lois, pour discuter avec autorité les termes d'un interdit, pour expliquer la volonté des préteurs, pour faire voir qu'entre plusieurs actions le choix ne pouvait pas être douteux. Cécina ne demande pas, comme Tullius, une réparation civile ; il revendique une propriété, il doit suivre la procédure instituée par l'interdit *unde vi hominibus coactis armatisve*. Dans le *pro Cæcina*, Cicéron distingue les différentes espèces de violences. Dans le *pro Tullio*, il montre pourquoi les magistrats n'ont pas consenti à insérer le mot *injuria* dans la formule, lorsque les actes de violence ont été commis par une troupe de gens armés, et il démontre qu'en l'espèce, on doit suivre les règles de la *vis armata*. C'est ainsi que Cicéron débrouille les textes quelque peu confus de la législation existante, qu'il fixe la jurisprudence et indique dans quel sens s'accompliront les réformes. Il est probable que les jurisconsultes et les législateurs avaient médité ces discours, puisque Justinien confirma entièrement les théories de l'avocat de Cécina et de Tullius.

Nous pouvons donc conclure que Cicéron mérite d'être mis au premier rang parmi les jurisconsultes romains. Il continue avec honneur les travaux des Ælius, des Caton, des Scévola, des Tubéron et prépare ceux des Labéon, des Capiton, des Gaius, des Papinien, des Ulpien, des Tribonien. C'était, sans doute, avec un esprit large, fait pour s'intéresser plutôt à l'ensemble qu'aux détails, que Cicéron étudiait le droit. Il s'efforçait de dégager les principes d'une sage législation, de faire ressortir ce que le droit ancien avait de trop formaliste et de concilier le droit civil et l'équité, en un mot, il s'appliquait à la philosophie du droit et trouvait cette occupation pleine de charme. Mais il ne perdait pas de vue le côté pratique que doivent avoir des études juridiques ; il avait fouillé le vieil arsenal des lois romaines pour en tirer, comme il le disait lui-même, des armes pour défendre ses clients et pour se protéger lui-même.

Nous croyons avoir suffisamment montré, dans ce travail, que la science de Cicéron était des plus étendues et des plus sûres, et qu'aucun point essentiel ne lui échappait. L'orateur ne doit pas nous faire oublier le jurisconsulte.

Cicéron fut jurisconsulte, comme l'avaient été les hommes les plus illustres de la République, et il apporta dans l'exercice de cette profession le génie particulier dont il était doué. Il donnait des conseils, plaidait, écrivait sur des questions juridiques, s'attachant ainsi à remplir fidèlement les devoirs d'un avocat consciencieux et instruit. Puis, des causes privées, s'élevant à des considérations générales, il prévoyait des réformes, d'ailleurs devenues nécessaires et réclamées par tous les bons esprits. S'il a pu, avec raison, dire qu'aucune partie de sa vie ne fut étrangère à l'étude de la philosophie, il est également vrai que l'étude du droit remplit son existence. C'est dans ses écrits que nous pouvons le mieux comprendre ce que fut véritablement le droit, à l'époque la plus féconde et la plus glorieuse de Rome.

Quelques critiques ont répété, à la suite de Fénelon, que Cicéron « *ne s'oubliait pas et ne se laissait pas oublier* ». Cela peut être exact pour les discours politiques, où l'intérêt personnel de l'orateur est engagé. Mais, dans ses plaidoyers civils, Cicéron pense uniquement à son client et il s'efforce de faire triompher sa cause autant par son savoir que par son éloquence. Le lecteur qui nous aura suivi avec attention ne sera plus tenté de voir dans Cicéron un rhéteur habile, il y reconnaîtra plutôt un avocat, plein de son sujet, et parlant en maître de choses qu'il a longuement étudiées.

FIN

TABLE ALPHABÉTIQUE

ACCEPTILATIO. — In Verr. III, 60.

ACCUSATOR. — Ad Herenn. II, 3, seqq.

ACTIONES. — Top. 2 ; pro Cæc. 1 ; pro Mur. 11-13 ; pro Rosc. com. 4.

ACTIO SACRAMENTI. — Top. 2, pro Cæc. 1, 7, 10, 14, 16, 19, 33 ; pro Tull. 4 ; pro Mur. 11, 12 ; pro domo 29 ; pro Mil. 27 ; de orat. I, 10 ; de rep. III, 24 ; ad famil. VII, 13 ; ad Att. XXV, 7.

ACTIO AQUÆ PLUVIÆ ARCENDÆ. — Top. 4, 9, 10 ; pro Muren. 9.

ACTIO BONÆ FIDEI. — Top. 10, 17, 24 ; de nat. deor. III, 30 ; de off. III, 12-17 ; de Rep. III, 14-15 ; ad famil. VII, 12 ; part. orat. 28.

ACTIONES JURIS STRICTI. — Top. 17 ; pro Rosc. com. 5, 8, 9 : pro Cæc. 23 ; de off. III, 14, 16.

ACTIO IN REM PER SPONSIONEM VEL PER FORMULAM PETITORIAM. — In Verr. II, 12.

ACTIO INJURIARUM. — In Verr. II, 27, pro Cæc. 3, 12 , pro Cæl. 8 ; ad Herenn. II, 13, 26 ; IV, 25, 27 ; de invent. II, 10.

Æstimatio pœnæ. — De orat. 1, 44.
Æstimatio litis. — Pro A. Cluent. 41 ; pro Rab. post. 4.

Calumnia. — Pro Mil. 27.
Caput. — existimatio — Capitis judicium — pro Quinct. 15,
  23 ; pro Rosc. com. 5, 6; In Verr. iii, 58 ; pro Cæc. 2, 3 ;
  pro Tull. 1, 2 ; pro Cluent. 43 ; pro Sext. 34 ; Brut. 36 ;
Capitis deminutio — Top. 4, 6, etc.
Cautio. — Cavere — part. orat. 31 ; de leg. 1, 5 ; ad Att. v, 8,
  ad famil. vii, 6 ; pro dom. 50.
Census, — Top. 2; pro Cæc. 34 ; pro Flacc. 2 ; de orat. 1, 38 ; ii,
  54 ; Brut. 53, 39 ; pro Cæc. 18, 24. ; pro leg. agr. ii, 17.
Centesimæ. — In Verr. iii, 70, 72 ; ad Att. 1, 12 ; vi, 2, 3.
Cessio in jure. — Top. 2, 5 ; pro Mil. 27 ; de fin. 1, 7.
Civitas. — De orat. 1, 40 ; pro Cæc. 33-34 ; pro dom. 29 ; pro
  Balb. 11-15 ; pro Archia 5 ; pro Sext. 34, 67, 69 ; pro Rab.
  3, 4 ; in Verr. v, 62-63.
Coemptio. — Top. 3 ; pro Mur. 11, 12 ; pro Flacc. 34 ; de orat.
  1, 56.
Cognatio. — Top. 6 ; de leg. 1, 8.
Cognitor. — Pro Quinct. 7 ; pro Rosc. com. 11, 18 ; in Cæcil.
  4 ; in Verr. ii, 43 ; iii, 56, 60 ; v, 65 ; pro Cæc. 5 ; in Catilin.
  iv, 5 ; de Arusp. resp. 21 ; ad Herenn. ii, 13.
Comperendinatio. — In Verr. act. 1, 11, 18 ; act. ii, 1, 7, 9 ; iv ;
  15 ; Brut. 22 ; pro Muren. 12 ; pro Æm. Scaur. 13.
Compromissum. — Pro Rosc. com. 4 ; in Verr. ii, 27 ; pro Æm.
  Scaur. 17; ad Quinct. ii, 15.
Concubinatus. — Top. 3, 4 ; de nat. deor. iii, 18.
Condictio certi. — Pro Rosc. com. 4, 5, passim. Philipp. ii, 14.
Confarreatio. — Top. 3 ; de Arusp. resp. 11.
Connubium. — Top. 4.
Conjectura. — Top. 21 ; part. orat. 32 ; de invent. ii, 4, 13.
Concessio. — Purgatio et deprecatio. — Ad Herenn. 1, 14, 16.
Contestatio litis. — Pro Rosc. com. 11, 18 ; ad Att. xvi, 15.
Controversia ex scripto et sententia nata. — Ad Herenn. 1,
  11; ii, 9, 10; de invent. ii, 21, 40, 42, 47 ; de orat. ii, 26,
  32 ; Brut. 52, 53 ; Top. 25 ; part. orat. 39 ; pro Cæc. 18,
  19, 30.
— ex contrariis legibus. — Ad Herenn. 1, 11 ; ii, 10; de invent.
  ii, 49 ; Top. 25.

pro Cluent. 59; in Pison. 20 ; ad Herenn. 1, 13; 11, 21; 1v,
51 ; paradox. v, 2 ; in Verr. v, 7

Fideicommissum. — De fin. 11, 17, 18.

Fiducia. — Top. 10, 17; pro Rosc. com. 6 ; pro Cæc. 3; pro
Flacc. 21 ; de off. 1, 25; 111, 15, 17.

Fines. — Top. 4; de leg. 1, 21.

Formula. — Top. 8, 17 ; in Verr. act. 1, 4; act. 11, 1, 42 ; 11, 12 ;
111, 28 ; pro Cæc. passim; pro Mur. 9; pro Flacc. 32; Philipp. x, 3; ad Herenn. 11, 12, 13 ; de fin. 11, 22 ; de leg. 111,
3; ad Quint. 1, 2.

Furiosus. — Ad Herenn. 1, 13; de invent. 11, 50; Tuscul. 111, 5;
de Rep. 111, 25.

Furtum. — De nat. deor. 111, 30 ; ad famil. v11, 22.

Gens-Gentilis-Gentilitia sacra. — Top. 5, 6; pro dom. 13, 49;
de arusp. resp. 15 ; pro Balb. 25 ; ad Herenn. 1, 13 ; de
orat. 1, 39 ; Tuscul. 1, 16 ; de amicit. 19; de leg. 1, 7, 8 ;
11, 19-22.

Hereditas. — Top. 6; Philipp. x, 5; de invent. 11, 21 ; in Verr.
1, 10, 48; 111, 7; pro Flacc. 34; pro Cluent. 15; ad Att. x111,
48 ; ad famil. x111, 29 ; pro Cæc. 6, 7.

Hereditatis cretio, Aditio. — Top. 4; pro leg. agr. 11, 16 ;
pro Archia 5 ; Philipp. 11, 16 ; ad Herenn. 1v, 54; de orat. 1,
22 ; de off. 111, 24 ; ad Att. v1, 1 ; x1, 2 ; 12 ; x111, 46 ; 47 ;
Ad famil. 1x, 14.

Hereditatis petitio. — In Verr. 1, 44-46 ; pro Cæc. 33; de
orat. 1. 38.

Heredes sui, secundi. — Top. 4 ; pro Cæc. 7, 33, 35 ; pro
Cluent. 7, 8, 11, 15, 48 ; pro Archia 5 ; pro dom. 32 ; de
leg. 11, 19 ; 22 ; in Verr. 1, 47; 111, 7 ; ad Herenn. 1, 13 ; de
orat. 1, 39; de invent. 11, 21. — Coheredes : pro Rosc. com.
18 ; ad Herenn. 11, 21.

Imprudentia. — Top. 17.

Injuria. — De off. 1, 10.

In jus vocatio. — Pro dom. 41 ; ad Herenn. 11, 13; de leg. 11, 4.

Infamia. — Pro Quinct. 13, 15 ; pro Rosc. com. 6 ; pro Cæc.
3 ; pro Rosc. Amer. 38, 39; pro Flacc. 18 ; de orat. 1, 36 ;
de off. 111, 15.

INTERCEDERE. — Paradox. VI, 4.

INTERDICERE AQUA ET IGNI. — Pro dom. 18, 29, 30 ; Philipp. I, 9 ; VI, 4 ; ad Herenn. II, 28.

INTERDICTUM. — Pro Cæc., pro Tull. passim; in Pison. 8; de orat. I, 10 ; III, 27 ; orator 29 ; de Rep. I, 13 ; III, 10 ; ad famil. VII, 32, 21 ; de leg. agr. III, 3 ; ad Herenn. IV, 29.

JURISCONSULTUS. — De orat. I, 45, 46, 55 ; Brut. 41 ; pro Cluent. 50 ; pro Muren. 11, 12, etc.

JUS. — Ad Herenn. II, 13 ; de invent. II, 22, 53, 54; orator 49 ; part. orat. 36 ; de orat. I, 5, 8, 10, 36, 37, 38, 60 ; Top. 2 ; de leg. I. 12 ; de off. III, 5.

JUS CIVILE. — Top. 2, 5 ; de Arusp. resp. 14; de Rep. I, 2 ; III, 8 ; de off. III, 5, 17.

JUSTITIA. — Ad Herenn. III, 3; de off. III, 7.

JUDICIALE GENUS. — Ad Herenn. II, 1.

JUDICIA LEGITIMA. — Orat. 34.

JUDICIUM. — V. actio.

JUDICES — JUDICIARIÆ LEGES — JUDICES SELECTI — SUBSORTITIO. — In Verr. act. I, 13-18 ; act. II, 1, 7 ; II, 13 ; III, 41 ; in Cæcil. 3 ; pro Cluent. 28, 33, 43 ; pro Fonteio, 12 ; Philipp. I, 5; pro Plancio, 17 ; de fin. II, 12.

JUDICIS POSTULATIO. — De off. III, 10.

LEGATUM. — Top. 3, 4, 13 ; ad Herenn. I, 12 ; de invent. II, 40, 41 ; pro Cæc. 4, 5 ; pro Cluent. 7, 12 ; de leg. II, 19.

LEX. — Top. 5; pro Flacc. 7; pro dom. 18; de Rep. III, 22 ; de leg. I, 6.

LEX XII TABULARUM. — Ad Herenn. I, 13 ; II, 13 ; de invent. II, 50 ; de orat. I, 43, 44, 57; orat. 49 ; Top. 2, 4, 9, 17 ; in Verr. I, 13 ; II, 32 ; pro Tull. 21, 22 ; pro Cæc. 19, 23; pro dom. 17; pro Flacc. 34 ; pro Mil. 3, 4, 8 ; pro Sextio 30 ; Tuscul. III, 5 ; IV, 2 ; de Rep. I, 4 ; II, 31, 36 ; III, 23, 32 ; IV, 10 ; de leg. I, 21, 22 ; II, 4, 6, 23, 24, 37; III, 8, 19 ; de off. I, 12 ; III, 16, 31 ; ad Att. I, 5.

LEX ÆLIA SENTIA. — Top. 2.

— AQUILIA. — Pro Rosc. com. 11 ; pro Tullio passim; Brut. 34.

— ATINIA. — In Verr. I, 42.

— CINCIA. — De orat. II, 71 ; de senect. 4.

— FURIA TESTAMENTARIA. — Pro Balb. 8; in Verr. I, 42.

PATER FAMILIAS. — Patria potestas — pro Quinct. 3 ; de invent. II, 17 ; de senect. 7, 11 ; in Pison. 20.

PECULIUM. — In Verr. I, 36.

PECUNIA. — Top. 6 ; paradox. I, 1 ; de leg. II, 19 ; — data, expensa lata, stipulata, pro Rosc. com. 5.

PIGNUS. — Philipp. I, 5 ; XIV, 12 ; de orat. III, 1 ; de Rep. I, 4 ; ad famil. XIII, 56.

PLUS PETITIO. — Ad Herenn. I, 12 ; de invent. II, 19 ; de orat. I, 36 ; part. orat. 28 ; pro Rosc. com. 4 ; ad famil. VII, 14.

POSTLIMINIUM. — Top. 8 ; pro Balb. 11, 12 ; de orat. I, 40 ; II, 32.

POSTUMUS. — De invent. II, 42 ; de orat. I, 39 ; II, 32 ; 49 ; pro Cluent 11.

POSSESSIO. -- Pro Tull. 7 ; pro Quinct. 29, pro Cæc. passim ; pro Flacc. 21 ; pro Mil. 33 ; de orat. I, 50 ; pro Cæl. 30 ; pro leg. agr. II, 31 ; de Rep. I, 13 ; de off. I, 12.

POSSESSIO BONORUM SECUNDUM VEL CONTRA TABULAS. — Top. 4, 11, 12 ; in Verr. I, 45-47 ; pro Cluent. 15, 60 ; Philipp. 25.

POSSESSIO BONORUM EX EDICTO. — Pro Quinct. 6, 15, 19, 27 ; in Verr. II, 24-25.

PRAGMATICI. — De orat. I, 45, 59.

PRÆDATORIUM JUS. — In Verr. I, 54 ; pro Balb. 20 ; ad Att. XII, 14, 17.

PRÆDES. — In Verr. I, 45, 52, 55, 57 ; pro Rab. 4 ; Philipp. II, 31, etc.

PRÆJUDICIUM. — Pro Quinct. passim ; in Verr. III, 65 ; in Cæcil. 4 ; pro Rab. 11 ; de invent. II, 20.

PRÆSCRIPTIONES. — De orat. I, 37 ; de fin. II, 2 ; V, 29.

PRÆSTITUERE HORAS AD ORANDUM. — Pro Quinct. 22 ; in Verr. I, 9, 11.

PRÆTOR. — Top. 4 ; in Verr. act. I, 4 ; act. II, I, 42, 44 ; II, 12 ; III, 13, 14 ; IV, 5. pro Cæc. 3 ; pro Flacc. 21, 32 ; Philipp. X, 3, ad Herenn. II, 13 ; de fin. II, 22 ; de leg. III, 3 ; de invent. II, 22 ; ad Quint. I, 2 ; ad Att. VI, 1 ; IX, 12.

PROCURATOR. — Top. 10, 17 ; pro Quinct. 7 : pro Cæc. 20 ; Brutus, 4 ; ad Att. I, 8 ; ad famil. XIII, 28.

PUER PATRIMUS AC MATRIMUS. — De Arusp. resp. 11.

PUPILLUS. — Top. 4 ; in Verr. I, 50 ; pro Cæc. 19 ; pro Flacc. 20 ; de invent. II, 21 ; de orat. III, 41.

PROSCRIPTIO. — Pro Quinct. 5, 6 ; pro dom. 17 ; pro Sext. 30 ; pro Cluent 7 ; in Verr. I, 47.

PROPRIETAS. — Ad Herenn. iv, 29 ; de invent. i, 45 ; Top. 2 ; pro
Cæl. 3o ; de Rep. iii, 15 ; de off. 7 ; ad famil. xiii, 3o.

QUÆSTIO. — (tormenta) : Ad Herenn. ii, 7 ; Top. 20 ; part. orat.
14, 34 ; pro Dej. 1.

QUÆSTIO. — (tribunal) : Brut. 22, 8o ; Top. 21 ; pro Rosc. Amer.
38 ; pro Cæc. 10.

QUÆSITOR. — (quæstionis præses) : Brutus, 54 ; in Verr. i, 10;
in Catilin. iv, 5.

RECUPERATORES. — In Cæcil. 17 ; in Verr. iii, 11, 28, 59, 6o ; v,
54 ; pro Tull. 2 ; pro Cæc. passim ; pro Flacc. 21 ; de invent, ii, 20.

RES MANCIPI, VEL NON MANCIPI. — Top. 2, pro Muren. 2.

RES SACRÆ. — Pro domo, 49; de arusp. resp. 6; pro Balb. 14,
15; ad Herenn. ii, 4; de Invent. i, 8, 26 ; ii, 18 ; orator, 42 ;
consolatio 45 ; de leg. ii, 24.

RESTITUTIO IN INTEGRUM. — In Verr. ii, 26; pro Flacc. 32 ; Philipp. ii, 23 ; xiv, 3.

REUS. — De orat. ii, 43, 79.

SATISDATIO. — In Verr. i, 56 ; in Clod. 3 ; ad Att. v, 1 ; ad famil. xiii, 28.

SATISDATIO. — Pro præde litis ac vindiciarum : in Verr. i, 45 ;
pro Cæc. 1. — Judicatum solvi : pro Quinct. 7, 8, 13, 20,
26 ; in Verr. ii, 24; amplius neminem petiturum: pro Rosc.
com. 12 ; Brut. 4, 5 ; ad Att. i, 8 ; — damni infecti: Top.
4; pro Scauro, 23.

SECTIO, SECTOR. — Pro Rosc. Amer. 29 seqq ; in Verr. i, 19,
23 ; pro Cluent. 59 ; de leg. agr. ii, 20; pro Rab. 4; Philipp.
xi, 14 ; xiii, 14 ; de invent. i. 45 ; de fin. iv, 9 ; de off. ii, 8.

SERVITUTES PRÆDIORUM. — Pro Cæc. 26 ; leg. agr. iii, 2 ; de
orat. i, 39 ; de off. iii, 16 ; ad Att. xv, 26.

SERVITUS. — Pro Cæc. 33 ; pro Cluent. 7; de amicit. 19 ; de
off. i, 13.

SOCIETAS. — Pro Quinct. passim ; pro Rosc. com. passim; pro
Flacc. 18 ; ad Herenn. ii, 13.

SPONSIO AC RESTIPULATIO. — Pro Rosc. Com. 4, 12, 13; In Verr.
i, 45 ; iii, 38 ; 57 ; 62 ; v, 54; pro Cæl. 8, 28 ; pro Tull. 15 ;
pro Quinct. 8 ; pro Balb. 12; in Pison. 23 ; de off. iii, 19 ;
ad Herenn. iv, 23 ; ad famil. vii, 21.

Sponsor. — Pro Quinct. 7, 8, 9, 23 ; de leg. agr. ii, 36; pro Flacc. 20 ; de provin c. consul. 18 ; pro Plancio 19 ; Philip. vi, 4 etc.

Stillicidium. — De leg. 1, 4.

Stipulatio. — Top. 8 ; pro Rosc. com. 4, 5 ; pro Cæc. 3 ; pro dom. 7 ; pro Cæl. 32 ; ad Herenn. ii, 9.

Syngraphæ. — In Verr. i, 36; iv, 13 ; pro Muren. 17 ; de arusp. resp. 16.

Tabulæ. — Codex accepti et expensi ; adversaria : pro Rosc. com. 2 seqq; in Verr. i, 23, 26, 39, 49; ii, 70; iv, 6, 12, 13 ; pro Cæc. 6 ; pro Fonteio 2, 3, 4; pro Cluent. 14, 3o ; pro Muren. 17 ; pro dom. 5o ; de Arusp. resp. 13, 16; pro Balb. 5 ; pro Cæl. 7; pro Rab. 2, 3 ; Philipp. i, 7; ii, 14, 16, 37, 40 ; v, 4; vi, 5 ; ad Herenn. i, 9; ii, 13 ; de orat. ii, 23 ; de off. iii, 14; ad Att. i, 13 ; ii, 4 ; v, 21 ; vi, 1 ; vii, 3; x, 15 ; xi, 1 ; xv, 17, 19, 20 ; ad famil. vii, 17, 18 ; viii, 2, 4 ; xv, 5; v, 20.

Testamentum. — Testamenti factio: Top. 2, 11, 12; ad famil. vii, 21 ; pro Cæc. 7, 25 ; pro Cluent. 13 ; pro Archia, 5 ; Philipp. ii, 42; iii, 6; ad Herenn. i, 13 ; de invent. ii, 5o; de orat. i, 53 ; de nat. deor. ii, 3 ; pro Balbo, 8 ; de Rep. iii, 10 ; de fin. ii, 18. — Exheredatio: In Verr. i, 41-48 ; pro Cluent. 48 ; ad Herenn. i, 13 ; de orat. i, 38, 57 ; — substitutio : Top. 4, 10; pro Cæc. 18, 24; pro Cluent. 11, 12 ; de invent. ii, 21, 42 ; de orat. i, 39, 57 ; ii, 6, 32 ; Brutus, 39, 52, 53; ad famil. xiii, 61 ; ad Att. xv, 2, — obsignatores: pro Cluent. 13, 14; pro Quinct. 21 ; in Pison. 28; pro Milone. 18; ad Att. xii, 10.

Traditio. — Top. 5 ; pro Tull. 3 ; ad famil. vii, 5.

Tutela. — Top. 8, 10, 11 ; pro Rosc. com. 6 ; pro Balb. 25 ; de orat. i, 36; de senectute, 13 ; Philipp. xiii, 7.

Tutela mulierum. — Top. 4, 11; pro Muren. 11, 12 ; pro Flacc. 34; pro Cæl. 29; consolatio, 5 ; de Rep. iii, 7.

Tutela furiosi. — Ad Herenn. i, 13 ; de invent. ii, 5o; Tuscul. iii, 5 ; de Rep. iii, 25.

Testes, testimonium. — Ad Herenn. ii, 6; part. orat. 2, 14, 33; Top. 19 ; pro Rosc. Amer. 36 ; in Verr. act. i, 18 ; act. ii, 1, 10; passim ; pro Fonteio, 10, 12 ; — laudator : pro A. Cluent. 40.

Usucapio. — Top. 2, 3, 4, 5 ; pro Cæc. 19, 26 ; pro Flacc. 34 ;
    de Arusp. resp. 7, 14 ; ad Herenn. iv, 29 ; de orat. ii, 70 ;
    iii, 28 ; de leg. ii, 19, 24 ; ad Att. i, 5.
Ususfructus. — Top. 3 ; pro Cæc. 7 ; de fin. i, 4 ; Tuscul. i,
    39 ; iii, 17 ; Consolat. 9 ; ad famil. vii, 29.

Vadimonium, vas. — Pro Quinct. 5 ; pro Rosc. com. 13 ; in
    Verr. iii, 15 ; v, 13, 54 ; pro Tull. 4 ; in Catilin. ii, 3, 10 ;
    de fin. ii, 24 ; Tuscul. v, 22 ; de off. iii, 10 ; de Senect. 7 ; de
    Rep. ii, 36.
Via. — Pro Cæc. 19.
Vindex. — Top. 2 ; ad Att. ii, 1.
Vindiciæ. — In Verr. i, 45 ; pro Milone, 27 ; de Rep. iii, 24.
Vindicta. — Top. 2 ; pro Rab. 5.
Vicarius. — In Verr. i, 36.
Vindicatio. — Pro Muren. 12, 13.
Vis. — Ad Herenn. ii, 15 ; iv, 29 ; de invent. ii, 20 ; pro Quinct.
    7, 26 ; pro Cæc. 15, 16, 17, 32, etc ; pro Milone, 27 ; pro Mu-
    ren. 14 ; de Arusp. resp. 8 ; pro Sextio, pro Cælio, pro
    Sylla, passim ; in Verr. iii, 65 ; de off. i, 10 ; pro Tull. 7 ;
    Philipp. xiv, 3.

TABLE DES MATIÈRES

IMPRIMERIE GÉNÉRALE DE CHATILLON-SUR-SEINE. — A. PICHAT.

ERNEST THORIN, ÉDITEUR

ALBERT (M.). — *Le culte de Castor et Pollux en Italie.* Grand in-8°, planches.   5 50

ARBOIS DE JUBAINVILLE (H. d'). — *Cours de littérature celtique,* tomes I et II. Chaque volume.   8 »

BAYET. — *Histoire de la peinture et de la sculpture chrétiennes en Orient.* In-8°.   4 50

BEAUDOUIN. — *Du dialecte chypriote.* In-8°   5 »

BLOCH (G.) — *Origines du sénat romain.* In-8°.   9 »

CAGNAT (R.). — *Cours élémentaire d'épigraphie latine.* In-8°.   6 »

— *Exploration archéologique et épigraphique en Tunisie.* — 3 fascicules gr. in-8°, avec cartes et planches. Chaque fascicule.   7 50

CARTAULT. — *La trière athénienne.* In-8°, planches.   12 »

COLLIGNON (Max.). — *Des monuments grecs et romains relatifs au mythe de Psyché.* In-8°.   5 50

— *Catalogue des vases peints du musée de la Société archéologique d'Athènes.* In-8°, avec planches.   10 »

CROISET (Alf. et Maurice). — *Histoire de la littérature grecque.* 4 vol. in-8°. (sous presse.)

DENIS (J.). — *Histoire des théories morales dans l'antiquité* 2e édit. 2 vol. in-8°.   10 fr.

DUBOIS (M.). — *Les ligues étolienne et achéenne.* In-8°, avec cartes.   7 »

DUGIT (E.). — *L'aréopage athénien.* In-8°.   4 »

DUMONT (Alb.). De l'Institut — *Terres cuites orientales.* In-4°.   4 »

— *Peintures céramiques de la Grèce propre.* In-4°.   7 50

— *Inscriptions et monuments figurés de la Thrace.* In-8°.   5 »

— *Fastes éponymiques d'Athènes.* In-8°.   5 »

— *Inscriptions céramiques de Grèce.* In-8°, avec fig. et pl.   18 »

— *Études d'archéologie athénienne.* Grand in-8°, avec planches.   5 »

FERNIQUE. — *Préneste, ville du Latium.* 1 vol. In-8°, avec planches.   7 50

FUSTEL DE COULANGES, de l'Institut. — *Étude sur le texte de la loi salique: De Migrantibus.* In-8°.   2 »

GIRARD (P.). — *L'asclépiéion d'Athènes.* In-8°, avec planches.   5 50

GRAUX. — *Mélanges Graux.* Recueil d'érudition classique à la mémoire de Charles Graux. 1 magnifique volume gr. in-8°, avec planches.   50 »

HAUSSOULLIER. — *La vie municipale en Attique.* In-8°.   5 »

HAUVETTE-BESNAULT (A.). — *Les stratèges athéniens.* In-8°.   5 »

HUMBERT (G.) — *Essai sur les finances et la comptabilité publique chez les Romains.* 2 vol. gr. in-8°.   18 »

JOLY (H.). *L'instinct.* 2e éd. In-8°.   7 50

JULLIAN (C.). — *Transformations politiques de l'Italie.* In-8°.   4 50

LA BLANCHÈRE (R. de) — *Terracine.* In-8°, avec planches.   10 »

LAFAYE (G.). — *Hist ire du culte des divinités d'Alexandrie hors de l'Égypte.* In-8°, avec planches.   10 »

LOISEAU (A.). — *Histoire de la langue française.* 2e éd. Grand in-18 jésus.   4 50 Ouvrage couronné.

— *Histoire de la littérature portugaise.* In-18 jésus.   4 »

LYALL (sir). — *Études sur les mœurs sociales et religieuses de l'Extrême Orient.* In-8°.   12 »

MARTHA (J.). — *Les sacerdoces athéniens.* In-8°.   5 »

— *Catalogue des figurines en terre cuite du musée de la Société archéologique d'Athènes.* In-8°, avec planches.   12 50

MARTIN (Alb.). — *Les cavaliers athéniens.* In-8°. (sous presse).

— *Scolies d'Aristophane.* In-8°.   10 »

MOMMSEN (Th.) et MARQUARDT (J.). — *Manuel des antiquités romaines.* Traduit de l'allemand en français sous la direction de M. Gustave Humbert. 12 vol. gr. in-8° (sous presse et en préparation.) Le premier volume paraîtra en juillet 1886.

PERROT (G.). de l'Institut — *Le droit public d'Athènes.* In-8°.   7 50

PERROUD. — *De syrticis emporiis.* In-8°.   5 »

PETIT DE JULLEVILLE (L.). — *La Grèce sous la domination romaine.* 3e éd. In-12°   3 50

POIRET (J.) *Essai sur l'éloquence judiciaire à Rome pendant la République.* 1 vol. in-8° (sous presse.)

— *De centumviris et causis centumviralibus.* In-8° (sous presse.)

POTTIER (E.). — *Les lécythes blancs attiques à représentations funéraires.* In-8°, avec planches.   6 »

POTTIER (E.) et REINACH (S.). — *La nécropole de Myrina* 2 vol. grand in-4°, dont un de 60 planches.   100 »

RIEMANN (O.). — *Langue et grammaire de Tite-Live.* 2e édit. In-8°.   9 »

— *Recherches sur les îles Ioniennes.* 3 fascicules. in-8°.   10 50

SIDOINE APOLLINAIRE. — *Œuvres complètes* (texte latin, publié par E. Baret). 1 fort vol. grand in-8°.   16 »

SUMNER-MAINE (H.). — *Histoire des institutions primitives.* 1 vol. in-8°.   10 »

— *Études sur l'ancien droit et la coutume primitive.* 1 vol. in-8°.   10 »

THOMAS (Em.). — *Scoliastes de Virgile. Essai sur Servius et son commentaire sur Virgile.* In-8°.   8 »

VEYRIES (A.). — *Les figures criophores dans l'art grec, l'art gréco-romain et l'art chrétien.* In-8°.   2 25

WILLEMS (P.). — *Le sénat de la république romaine.* 2e éd. 3 vol. gr. in-8°.   22 »

— *Le droit public romain.* 5e éd. 1 vol. r. in-8°.   14 »

IMPRIMERIE GÉNÉRALE DE CHATILLON-S-SEINE. — A. PICHAT.

www.ingramcontent.com/pod-product-compliance
Ingram Content Group UK Ltd.
Pitfield, Milton Keynes, MK11 3LW, UK
UKHW021849070726
13613UKWH00001B/69